HEYNE <

NEON
UNNÜTZES WISSEN

Herausgegeben von
Ruth Fend und Christoph Koch

Wilhelm Heyne Verlag
München

FSC
www.fsc.org
MIX
Aus verantwortungs-vollen Quellen
FSC® C005833

Verlagsgruppe Random House FSC® N001967

Originalausgabe 10/2018

Printed in the Czech Republic
Grafik: Elena Dick, Cyrill Kuhlmann
Coverfotos: Patrick Desbrosses
Umschlagillustration: Falko Ohlmer
Bildredaktion: Amélie Schneider
Redaktion: Christoph Koch
Dokumentation: Silke Probst
Satz: Satzwerk Huber, Germering
Druck und Bindung: Těšínská Tiskárna, A. S., Český Těšín
ISBN: 978-3-453-60470-4

www.heyne.de

Vorwort

Über die Frage, von wann bis wann die Neunzigerjahre genau dauerten, lässt sich ungefähr so gut und lange streiten wie über die Frage nach der besten Take-That-Single. Ganz klar, sagen die Puristen. Die Neunziger dauerten genau vom 1. Januar 1990 bis zum 31. Dezember 1999. Es gibt da so ein Ding namens Kalender. Andere sagen wiederum, dass ein Jahrzehnt mehr ist als zehnmal 365 Tage plus Schaltjahrgedöns. Dass eine Dekade für eine kulturelle und gesellschaftliche Ära steht, für den Zeitgeist einer gewissen Epoche. Und dass die Neunziger deshalb am 9. November 1989 begannen, als SED-Spitzenfunktionär Günter Schabowski vor Reportern »Das tritt nach meiner Kenntnis … ist das sofort, unverzüglich« stammelte. Und damit die deutsche Wiedervereinigung in Gang setzte. Und dass sie endeten, als am 11. September 2001 zwei Flugzeuge ins New Yorker World Trade Center krachten.

Doch egal, wie man sie genau datiert, eins steht fest: Die Welt war nach den Neunzigern nicht mehr dieselbe. Raider hieß plötzlich Twix. Kohl war nicht mehr Kanzler. Musik hörte man nicht mehr im Radio, sondern bei VIVA.

In den Neunzigern schrieben wir plötzlich SMS statt Briefe und verzweifelten dabei gelegentlich an der T9-Worterkennung, die es eigentlich leichter machen sollte, auf dem Ziffernblock Texte einzugeben. Wir schleppten Discmans statt Walkmans mit uns herum, sammelten Telefonkarten statt Briefmarken. Wir fieberten mit Harry Potter und den Helden aus »Blair Witch Project« und trauerten um Lady Di, Aaliyah und Kurt Cobain. Das Wort »Parade« wurde nur noch englisch ausgesprochen und stand nicht mehr für Militärisches, sondern für einen bunten, lauten, bedrogten Techno-Umzug durch ein sich radikal wandelndes Berlin. Wir mussten uns neue Postleitzahlen merken, fanden Mobiltelefone erst was für Wichtigtuer und dann plötzlich unentbehrlich – und mussten uns daran gewöhnen, dass die deutsche Hauptstadt nicht mehr das gemütlich-überschaubare Bonn war. Wir stellten uns Lavalampen in die Wohnung und Buffalo-Schuhe in den Schrank. Oder dachten zumindest darüber nach – ebenso wie über Augenbrauenpiercings und darüber, wer Tupac Shakur und The Notorious B.I.G. erschossen haben mochte. In den Nachrichten ging es um die Spendenaffäre der CDU, um Brandanschläge in Solingen und

Mölln, um den Kaufhauserpresser Dagobert, um Jahrhunderthochwasser und um den »Baulöwen« Schneider. Wenn wir ehrlich sind, war ein anderes Medium für uns damals oft weitaus wichtiger als die Fernsehnachrichten: Musikvideos. Wir sahen Alicia Silverstone und Liv Tyler dabei zu, wie sie mit einem Traktor »Crazy« in ein Feld schrieben. Wir zählten die Tränen, die Sinéad O'Connor zu »Nothing Compares 2 U« vergoss. Wir waren traurig, wenn der grauhaarige Hausmeister signalisierte, dass »Smells Like Teen Spirit« von Nirvana zu Ende war. Und freuten uns, wenn die Beastie Boys mit angeklebten Schnurrbärten zu »Sabotage« auf Verbrecherjagd gingen.

Im Rückblick mögen die Neunzigerjahre oft wie ein vergleichsweise unbeschwertes Jahrzehnt wirken. Statt Terroranschlägen, Ölkrise oder Wirtschaftsflaute regierten Optimismus, Konsumfreude und der erste Internetboom. Der Kalte Krieg war vorbei – die Welt leuchtete knallbunt, alles schien möglich. Vielleicht ist das aber auch nur der verklärende Blick aus der Gegenwart zurück – schließlich gab es auch Kriege am Golf und im Kosovo, Aids wurde ein Thema und der Völkermord in Ruanda kostete Hunderttausende Menschen das Leben. Jahrzehnte sind retrospektiv immer auch Vexierbilder: Spaßjahrzehnt, Geldjahrzehnt, Wiedervereinigungsjahrzehnt, Internetjahrzehnt, Partyjahrzehnt, Kommerzjahrzehnt, Grungejahrzehnt, Globalisierungsjahrzent, Inlineskatesjahrzehnt ... Jeder kann in den Neunzigern immer auch ein wenig sehen, was er in ihnen gerne sehen möchte.

Neben den bisher sechs »normalen« Büchern aus der Reihe »Unnützes Wissen« gab es auch schon Spezialausgaben zu den Themengebieten Fußball und Tiere. Einem Jahrzehnt widmen wir uns mit den Neunzigerjahren zum ersten Mal. Dabei haben wir wie immer versucht, das Unbekannte im Bekannten zu entdecken, das Kuriose im vermeintlich Vertrauten. Klar kann sich jeder an den Hit »Ice Ice Baby« erinnern – aber Hand aufs Herz: Wer wusste, dass der Song ursprünglich nur als B-Seite einer Single veröffentlicht worden war? Jeder weiß heute, dass Google von den beiden damaligen Studenten Sergey Brin und Larry Page erfunden wurde – aber dass die Suchmaschine ursprünglich »Backrub« hieß, also Rückenmassage? Dass Fernsehmoderator Markus Lanz in den Neunzigern einen Atomprotestsong namens »Fuck Chirac« aufgenommen hat? Dass die Dinosauriergeräusche in »Jurassic Park« eigentlich von einem kleinen Jack-Russell-Terrier stammen? Dass der Song »Barbie Girl« für eine Klage des Spielzeugherstellers Mattel sorgte – und es in den Neunzigern sogar Arschgeweihaufkleber für Barbie-Puppen gab?

Unser Autorenteam hat die Vergangenheit umgegraben, um die schönsten Geschichten und Fakten aus diesem turbulenten Jahrzehnt zu finden. Die Älteren wurden dabei nostalgisch und erinnerten sich an ihre eigenen Neunzigerjahre. »Oh Mann, weißt du noch …?« wurde ein oft gehörter Satzanfang in der Recherchephase. Die Jüngeren konnten hingegen manchmal nicht glauben, welche Modetrends (Metallic-Look!), Prominente (Kelly Family!) oder kurzlebigen Technologien (Pager!) die Neunzigerjahre prägten. »Das habt ihr damals nicht wirklich ...?« wurde hier zur oft gehörten Frage. Doch egal, ob man belustigt auf die Vergangenheit blickt oder sentimental – leben kann man am Ende nur in der Gegenwart. In diesem Sinne: Bye-bye Neunziger, es war lustig mit euch! Aber wir müssen weiter.

599 skurrile Fakten, die man nie mehr vergisst

1. Rammstein-Sänger Till Lindemann ist der Sohn des bekannten DDR-Kinderbuchautors und Lyrikers Werner Lindemann und schrieb bereits im Alter von neun Jahren erste eigenen Gedichte. Zum Beispiel über den Nussknacker: »Er knackt ganz einfach / Jede Nuß / Und die nicht will / Muß.«

2. Der Erfinder des 1994 veröffentlichten Browsers Netscape Navigator, Marc Andreessen, ist heute einer der erfolgreichsten Venture-Kapitalgeber im Silicon Valley. Sein Haus ist mit drei Mikrowellengeräten ausgestattet, damit er und seine Frau das Essen, das tagsüber ihr Koch für sie zubereitet, abends gleichzeitig aufwärmen können.

3. Fred Durst, Sänger der Nu-Metal-Band Limp Bizkit hat als Regisseur mehrere humorvolle Werbespots für die Onlinedatingplattform eHarmony gedreht.

4. Um den wegen dreifachen Mordes verurteilten Lothar Luft aus der Justizvollzugsanstalt Schwalmstadt zu befreien, entwendete ein Komplize 1993 einen Fuchs-Panzer aus einer nahe gelegenen Kaserne und durchbrach damit vier Gefängnistore. Ein hilfsbereiter Passant, der an einen offiziellen Einsatz glaubte, stoppte für den Panzer sogar den Verkehr.

5. Die Indie-Rock-Gruppe Sportfreunde Stiller wollten sich zuerst »Bodden« nennen – nach dem ehemaligen 1860-München-Spieler Olaf Bodden.

6. Es gibt Arschgeweih-Tattooaufkleber für Barbiepuppen.

7. Fernsehkomiker Wigald Boning (»Zwei Stühle, eine Meinung«) sammelt neben Nasenhaarschneidern auch die Einkaufszettel fremder Menschen.

8. Während den Dreharbeiten zu »Schindlers Liste« waren Regisseur Steven Spielberg und sein Team angesichts der Holocaust-Thematik oft so niedergeschlagen, dass Spielberg seinen Freund, den Komiker Robin Williams anrief, auf Lautsprecher schaltete und ihn bat, ihnen Witze zu erzählen.

9. Die 1997 von Tchibo übernommene Kaffeemarke Eduscho ist nach ihrem Gründer Eduard Schopf benannt.

10. Am 8. März 1997 fand in Hamburg der erste Bundeskongress des im Vorjahr gegründeten Vereins »Dicke e.V.« statt, der ein Ende der Diskriminierung von Molligen fordert.

11. Der Song »Nothing Compares 2 U«, mit dem Sinéad O'Connor 1990 einen Welthit hatte, wurde von Prince geschrieben.

12. Oskar Lafontaine hat einen Zwillingsbruder namens Hans.

13. Das Spiel »Super Mario« hieß ursprünglich »Jumpman«.

14. Das schwarz-weiße Turnschuhmodell »Decade«, das alle Mitglieder der Heaven's-Gate-Sekte bei ihrem Gruppenselbstmord 1997 trugen und das auf den Tatortfotos gut zu erkennen ist, wurde danach von Nike eingestellt. Und zu einem begehrten Sammlerstück.

15. Oasis-Songschreiber Noel Gallagher hat zuerst als Bauarbeiter und dann als Roadie für die Band Inspiral Carpets aus seiner Heimatstadt Manchester gearbeitet.

16. Ein Blouson für Kleinkinder der Marke Chevignon kostete 1990 509 DM.

17. ALS LETZTES LAND DER EUROPAEISCHEN UNION SCHAFFT BELGIEN 1996 DIE TODESSTRAFE AB.

18. Ein Hubba Bubba hat 25 Kalorien.

19. Als die »100.000 Mark Show« 1993 auf Sendung ging, sorgte das für Diskussionen in den Medien. Grund: Kritiker fanden die ausgelobte Gewinnsumme zu hoch.

20. Um den Diebstahl der Domain sex.com entbrannte 1995 ein jahrelanger und Millionen Dollar teurer Streit.

21. »Ice Ice Baby«, der Hit des Rappers Vanilla Ice, war eigentlich nur die B-Seite seiner ersten Single. Niemand wollte die A-Seite, ein Cover von Wild Cherrys »Play That Funky Music« spielen. Bis ein DJ die Platte umdrehte und dem Rapper zum Durchbruch verhalf.

22. Windows 98 stürzte bei seiner offiziellen Präsentation ab.

23. Ab September 1999 war die Deutsche Mark kurzzeitig offizielle Währung im Kosovo.

24. Der Boxer George Foreman verdiente mit dem Grill, der seit 1995 unter seinem Namen verkauft wurde, mehr Geld als in seiner ganzen Boxkarriere. Ursprünglich war das Gerät dem Wrestler Hulk Hogan angeboten worden.

25. Bevor sie sie 1997 in Google umbenannten, nannten Larry Page und Sergey Brin ihre Suchmaschine eine Zeit lang »Backrub«, englisch für Rückenmassage.

26. Der Penis vom Eismann Ötzi wurde erst zwei Jahre nach seinem Fund entdeckt. Weil er so platt gedrückt war, konnten die Experten ihn zunächst nicht erkennen.

27. Das Pfeifen in »Wind of Change« von den Scorpions dauert insgesamt 56 Sekunden.

28. Markus Lanz hat in den Neunzigern den Atomprotestsong »Fuck Chirac« aufgenommen.

29.

Der spätere Fernsehmoderator Michael Schanze galt in den Siebzigerjahren als einer der besten Windsurfer der Welt.

30. Dem Film »Titanic« wurde vorausgesagt, dass er ein riesiger Kassenflop wird.

31. Die letzte Folge der 1997 nach 40 Jahren und 1859 Folgen eingestellten Groschenromanreihe »Wildwest-Roman« hieß »Ein Toter auf der Flucht.«

32. 1992 schrieb Mark Wahlberg seine Memoiren »Marky Mark« und widmete sie seinem Penis.

33. Für die Geräusche des T. rex in »Jurassic Park« nahm der Sounddesigner auf, wie sein kleiner Jack-Russel-Terrier mit einem Seil kämpfte und verlangsamte dann die Aufnahme.

34. Pepsi testete über 3000 verschiedene Geschmacksvarianten, bevor »Crystal Pepsi« auf den Markt kam.

35. Brad Pitt wollte sich während der Dreharbeiten zu »Interview mit einem Vampir« aus seiner Rolle rauskaufen. Er konnte die ständige Dunkelheit am Set nicht ertragen.

36. Die erste Ausgabe des Heavy-Metal-Festivals »Wacken« fand am 24. und 25. August 1990 statt. Das Line-up bildeten sechs Bands aus der Gegend, der Eintritt kostete zwölf Mark.

37. Die dänisch-norwegische Popgruppe Aqua wurde für ihren Neunzigerjahre-Hit »Barbie Girl« erfolglos vom Puppenhersteller Mattel verklagt.

38. Verkleidet als die alte Dame Mrs. Doubtfire aus der gleichnamigen Filmkomödie besuchte Schauspieler Robin Williams einen Sexshop in San Francisco und fragte nach einem zweiköpfigen Dildo. Als er anschließend um Gleitgel bat, erkannte ihn der Verkäufer.

39. Ursprünglich war die Dateiendung digitaler Musikformate nicht .mp3, sondern .bit.

40. Der Song »... Baby One More Time« wurde ursprünglich nicht für Britney Spears geschrieben, sondern für TLC.

41. Die Suchmaschine Lycos gibt es immer noch.

42. Während die Serie »Twin Peaks« auf RTL lief, verriet Sat 1 im Teletext den Mörder von Laura Palmer. Das Hamburger Landgericht stufte den Vorgang als »sittenwidrig« ein.

43. Fast 13 Milliarden D-Mark sind noch immer im Umlauf.

44. Als das Betriebssystem »Windows 95« erschien, machten sich die Nutzer darüber lustig, dass man zum Beenden zunächst auf »Start« klicken musste.

45. »Napster« war ursprünglich der Spitzname von Shawn Fanning, einem der Gründer des gleichnamigen Filesharingdienstes. Weil Fanning wegen seiner wolligen (»nappy«) Haare immer aufgezogen wurde, rasierte er sich schließlich den Kopf.

46. Die Bundestagsdebatte über den möglichen Umzug des Regierungssitzes von Bonn nach Berlin dauerte elf Stunden – 107 Reden wurden gehalten.

47. Der erste Name der Band Echt lautete Unterstufenband, der zweite Seven Up.

48. Der Computerwurm »Melissa«, der im März 1999 unzählige Rechner lahmlegte und einen Millionenschaden verursachte, war letztlich ein modifiziertes Word-Dokument namens »list.doc«, das sich automatisch an alle Kontakte im Adressbuch des befallenen Rechners weiterverschickte.

49. Weitere Namensvorschläge für den Euro lauteten »Ducat«, »Ecu«, »Florin« und »Franken«.

50. Auf der CeBIT 1996 in Hannover kündigte T-Online an, den Minutenpreis fürs Surfen auf 5 Pfennige zu halbieren und die Gebühr von 10 Pfennigen pro E-Mail zu streichen.

51. Bei Ötzis Bergung brach der Bestatter – dem nicht klar war, dass es sich um eine über 5000 Jahre alte Mumie handelte – dessen linken Arm, als er ihn in einen Sarg stopfte.

52. Jürgen Domian und Hella von Sinnen sind befreundet, seit sie zusammen in Gummersbach Abitur gemacht haben.

53. Den Titelsong der Gummibärenbande gibt es in 21 verschiedenen Sprachen.

54. NACH IHREM BESTSELLER »SOMMERHAUS, SPÄTER« VON 1998 TRAF DIE SCHRIFTSTELLERIN JUDITH HERMANN DEN KRITIKER MARCEL REICH-RANICKI ZUM KAFFEETRINKEN. ER BESTELLTE IHR EINE HEISSE SCHOKOLADE MIT DEN WORTEN: »DAS KIND TRINKT EINE HEISSE SCHOKOLADE!« SIE WAR ZU DEM ZEITPUNKT 28 JAHRE ALT.

55.

DER KARSTADT-KONZERN, DEN ARNO FUNKE ALIAS »DAGOBERT« UM 1,4 MILLIONEN MARK ERPRESSEN WOLLTE, WEIGERTE SICH SPÄTER, FUNKES AUTOBIOGRAFIE IN SEINEN FILIALEN ZU VERKAUFEN.

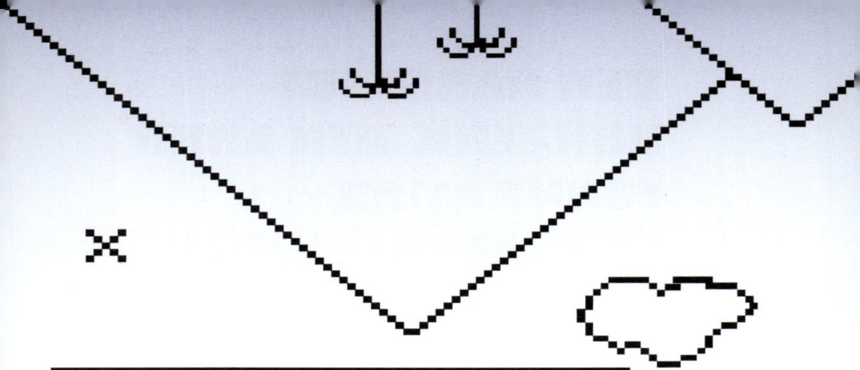

56. *Der »Game Boy Pocket Sonar« (1998) sollte Anglern helfen, mittels ihres Gameboys Fische in bis zu 20 Metern Tiefe zu lokalisieren.*

game

57. *Die Zielgruppe für den Gameboy waren ursprünglich nicht Kinder, sondern Erwachsene. Mit dem »Work Boy«, einem Zusatzpaket mit Kalender, Telefonbuchfunktion und einer Minitastatur, sollte die Spielekonsole auch für die Arbeit genutzt werden können. Es wurde nie veröffentlicht.*

58. 1993 nahm ein russischer Kosmonaut einen Gameboy und das Spiel »Tetris« mit ins All. Während der 196 Tage dauernden Mission umrundete der spielende Aleksandr A. Serebrov die Erde rund 3000-mal. Der Gameboy wurde später versteigert.

59. Der damalige US-Präsident George Bush senior ließ sich 1991 während eines Krankenhausaufenthaltes dabei fotografieren, wie er im Bett Gameboy spielt.

60. Stella Kobs, die »Zitrone« aus »Tutti Frutti«, betreibt heute ein Wellness- und Hypnosestudio in München.

61. Die Musiker Bryan Adams und Ryan Adams haben beide am 5. November Geburtstag.

62. Kein Prominenter ist so häufig bei »Wetten, dass …?« aufgetreten wie Peter Maffay.

63. **Das Alter der Mitglieder der weiblichen Deutschrapgruppe Tic Tac Toe wurde aus Marketinggründen gefälscht. Statt 17 oder 18 Jahren waren sie damals 19, 21 und 22 Jahre alt.**

64. Der Gründer der Buffalo-Boots, Michael Conradi, war ein Freund von Techno-DJ Sven Väth.

65. Damit die Schauspieler von »Blair Witch Project« beim Dreh die Nerven verlieren, stellten die beiden Regisseure ihnen jeden Tag etwas weniger Essen zur Verfügung.

66. Sieben deutsche Regisseure, Doris Dörrie, Hark Bohm, Helmut Dietl, Loriot, Wolfgang Petersen, Carl Schenkel und Michael Verhoeven, wurden 1993 angeheuert, um jeweils einen Werbefilm für die neue fünfstellige Postleitzahl zu drehen.

67. Kondome wurden in der DDR »Mondos« genannt.

68. In den Filmen »Death Proof«, »Four Rooms«, »Pulp Fiction«, »From Dusk Till Dawn« und »Reservoir Dogs« tauchen Burger, Tüten und Becher desselben fiktiven Burgerladens auf: Big Kahuna Burger.

69. Der Film »Wayne's World« war auch wegen seines Jugendslangs so erfolgreich. Um diesen Erfolg auch in Europa zu garantieren, ließ sich die Marketingabteilung einiges einfallen: In Großbritannien wurden 200 000 Miniwörterbücher verteilt. In Frankreich engagierte das Filmstudio eine Gruppe junger Komiker, um Running Gangs wie »Party on!« in »Megateuf!" zu übersetzen.

70. Entgegen der Tradition wurde während der Beerdigung von Prinzessin Diana auf Buckingham der Union Jack auf Halbmast gesetzt und nicht die königliche Flagge.

71.

1990 gab es 84 Starbucks-Filialen, im Jahr 2000 bereits 3501.

OHIO

72.

Die Band Nickelback verdankt ihren Namen dem Job von Bassist Mike Kroeger. Als Bedienung in einem Café, in dem alle Getränkepreise auf 95 Cent endeten, musste er jeden Tag unzählige Male mit den Worten »and a nickel back« ein Fünf-Cent-Stück zurückgeben.

73. Das Klonschaf Dolly war eine genetische Kopie eines bereits geschlachteten Tieres und wurde genauso alt wie das Tier, von dem die Zellen stammen aus denen es geklont wurde: sechs Jahre.

74. Der Rapper Warren G ist der Stiefbruder von Dr. Dre.

75. Ricky Martin betreibt ein Onlineportal für Eltern und Erzieher mit dem Namen Piccolo Universe.

76. Die Bewohner der Internationalen Raumstation ISS können dank der besonderen Laufbänder in der Raumstation an Marathons teilnehmen.

77. Kurz vor dem Fall der Mauer gab es in der DDR 9,7 Millionen Erwerbstätige, 1993 waren es in den neuen Bundesländern nur noch 6,2 Millionen.

78. 1995 fanden knapp 70 Prozent der Westdeutschen, dass die USA die entscheidende Rolle im Sieg über den Faschismus gespielt hat, 87 Prozent der Ostdeutschen meinten, es sei die Sowjetunion gewesen.

79. Im Juli 1998 zog die Kelly Family in »Schloss Gymnich« ein, das ehemalige Gästehaus der Bundesregierung, das sie zuvor für 13 Millionen DM ersteigert hatten.

80. In einer Stasiakte wird Gerhard Schröder folgendermaßen beschrieben: »Gestalt: kräftig / Gang: lässig [...] / Umgangsformen: korrekt, bestimmend / Sicherheit im Auftreten: sehr sicher [...] / Intelligenz, logisches Denken, geistige und sprachliche Beweglichkeit: sehr gut entwickelt / Anpassungsverhalten: Führungstyp [...] / Willensstärke, Willenseigenschaften: ausgeprägt / Mut und Ausdauer: gut entwickelt / Kontaktfähigkeit und eigene Zugänglichkeit: fühlt sich als eine Art besonderer Mensch [...] / Stellung zu Lob und Kritik: verträgt Kritik.«

81. Bevor er seine Bühnen- und Fernsehkarriere startete, wollte Harald Schmidt Priester werden.

82. DJ Ötzi (»Anton aus Tirol«) lebte als Jugendlicher einige Monate obdachlos auf der Straße, bevor er eine Kochlehre machte und sich später der Musik zuwandte.

83. Bill Clinton hieß ursprünglich William Jefferson Blythe III. Den Namen seines Stiefvaters Clinton nahm er erst als Teenager an.

84. Monica Lewinsky, die durch ihre Affäre mit US-Präsident Bill Clinton bekannt wurde, engagiert sich heute gegen Cybermobbing.

85.

»Fruit of the loom« heißt Früchte des Webstuhls.

86. Schauspielerin Gillian Anderson, die in »Akte X« die Agentin Scully spielt, löste den sogenannten Scully-Effect aus, durch den sich deutlich mehr Frauen für ein Medizinstudium oder eine Laufbahn beim FBI entschieden.

87. Der Karstadt-Erpresser »Dagobert« wurde genau an seinem Geburtstag zu sieben Jahre und neun Monaten Haft verurteilt.

88. Die Rapperin Ricky von Tic Tac Toe spielte später in der Fernsehserie »Marienhof« mit.

89. Ende der Neunziger ließ eine britische Fernsehshow für Kinder eine Zeitkapsel für die nächste Generation vergraben. Darin unter anderem enthalten: ein Tamagotchi, ein Teletubby, ein Asthma-Inhalationsgerät, ein Foto von Prinzessin Diana, Rollen von einem Inlineskate und eine CD der Spice Girls.

90. Die Teletubbies haben Babys: die Tiddlytubbies. Sie heißen Daa-Daa, Umpie Pumpie, Ba, Ping, RuRu, Duggle Dee, Mimi und Nin.

91. Die Idee für Pokémon bekam der Erfinder Satoshi Tajiri, weil er als Kind so gerne Insekten sammelte.

92. Im Original der Anime-Serie »Sailor Moon« sind die Freundinnen Neptun und Uranus ein lesbisches Paar. In der amerikanischen Synchronisation wurden sie jedoch als Cousinen ausgegeben.

93. Bei »Tutti Frutti« wurden innerhalb des dreijährigen Bestehens insgesamt 4800 nackte Brüste gezeigt.

94. Als er 1998 Außenminister wurde, besaß Joschka Fischer als einzige höhere Qualifikation einen Taxischein.

95. Der erste bezahlte Schauspieljob, den »Akte X«-Darsteller David Duchovny bekam, war ein Werbespot für die Biermarke Löwenbräu.

96. DIE FREUNDE DER DIDDL-MAUS HEISSEN MILIMITS, TIPLITAPS, MIMIHOPPS, WOLLYWELL, VANILLIVI, LOLLI LOVEBEAR UND PROFESSOR DIDDLDADDL BLUBBERPENG.

97. Das Kunstprojekt, den Bundestag in Berlin zu verhüllen, hat von der Idee bis zur Umsetzung mehr als 20 Jahre gedauert.

98. Ex-Mitglieder der Backstreet Boys und *NSYNC spielen gemeinsam in dem Zombiefilm »Dead 7« eine Gruppe von Revolverhelden.

99. Simpsons-Erfinder Matt Groening hat Philosophie studiert.

Kevin allein zu Haus

100 – 105

Der Talkboy, ein Minikassettenrekorder mit Aufnahmefunktion, den Kevin in »Kevin – Allein in New York« benutzt, war ursprünglich nur ein Prop für den Film, ging dann aber in Serie.

Der Schauspieler Macaulay Culkin ist Mitglied der Band The Pizza Underground.

Der Erfolg des Films »Kevin – Allein zu Haus« von 1990 machte den Vornamen Kevin im Jahr darauf zum Shootingstar unter den Jungennamen: Er landete auf Platz 1. In den Jahren zuvor hatte Kevin sich zwischen den Plätzen 10 und 20 bewegt.

Im Film »Kevin – Allein zu Haus« ist Kevin nie in seinem Kinderzimmer zu sehen.

Der Schnee in »Kevin – Allein zu Haus« besteht aus Kartoffelbreiflocken.

Das Foto von Buzz' Freundin in »Kevin – Allein zu Haus« zeigt in Wahrheit einen Jungen, den Sohn des Art Directors.

106.

ALS ERFINDER
DER LAVALAMPE
GILT DER BRITE
EDWARD CRAVEN
WALKER, DEN EINE
BEOBACHTUNG
IN EINER KNEIPE
AUF DIE IDEE DER
BLUBBERNDEN
LAMPE GEBRACHT
HATTE.

107. Der Schlagzeuger von Echt, Florian Sump, wurde später Kindergärtner und spielt heute in einer Band, die Popmusik für Kinder macht.

108. Den Song »Guildo hat euch lieb« hat Stefan Raab unter dem Pseudonym Alf Igel für Guildo Horn geschrieben – eine Anspielung auf den Komponisten Ralph Siegel.

109. Guildo Horn schloss sein Pädagogikstudium mit einer Diplomarbeit über »Die Befreiung von der Vernunft« ab.

110. In seinem ersten Formel-1-Rennen 1991 musste Michael Schumacher in der ersten Runde aufgeben.

111. Tupac Shakur alias 2Pac war mit »Dear Mama« der erste Künstler, der einen Nummereins-Hit in den USA landete, während er im Gefängnis saß.

112. Das Euro-Symbol wurde in Anlehnung an den griechischen Buchstaben Epsilon gestaltet und soll die Wiege der europäischen Zivilisation widerspiegeln. Die beiden parallel verlaufenden horizontalen Linien symbolisieren die Stabilität der Währung.

113. Die Mitglieder der Band Right Said Fred werden wegen ihres Songs »I'm Too Sexy« von 1991 als Koautoren der Taylor-Swift-Single »Look What You Made Me Do« von 2017 aufgeführt.

114. In 25 Jahren »Gute Zeiten, schlechte Zeiten« wurde Anwalt Jo Gerner zweimal fast erschossen, einmal angefahren und fast getötet, dreimal erpresst, einmal entführt und fast kastriert, beinahe in der Badewanne ertränkt und viermal in den Ruin getrieben.

115. In der Buchvorlage wiegt Forrest Gump über 100 Kilo und ist etwa zwei Meter groß.

116. »Gute Zeiten, schlechte Zeiten« hatte Ende der 90er bei den 14- bis 49-Jährigen einen Marktanteil von 30 Prozent – und war damit die erfolgreichste Vorabendserie Deutschlands.

117. Die mexikanische Währungskrise 1994 wurde die »Tequila-Krise« genannt, die Kreditkartenaffäre der schwedischen Politikerin Mona Sahlin 1995 als die »Toblerone-Affäre« bekannt.

118. Die echten Stimmen von Milli Vanilli hießen Charles Shaw, John Davis und Brad Howell – unterstützt von der Backgroundsängerin Gina Mohammed.

119. Als der Tennisspieler Michael Stich im Wimbledon-Finale 1991 überraschend Boris Becker schlug, sagte der Schiedsrichter nach dem Matchball: »Spiel, Satz und Sieg, Becker.«

120. Die Musikgruppe Die Prinzen hieß früher Herzbuben. Als Abgrenzung zu den Wildecker Herzbuben nannten sie sich später Commerzbuben.

121.

Das Videospiel »The Legend of Zelda« ist nach der Schriftstellergattin Zelda Fitzgerald benannt.

LOVE

122.

Als Gotthilf Fischer 2000 zu Gast auf der Loveparade war und dort »Hoch auf dem gelben Wagen« sang, verabreichte ihm jemand heimlich Ecstasy.

123.

Günter Grass hat in seinem Buch »Mein Jahrhundert« der Loveparade von 1995 ein Kapitel gewidmet.

124.

Da die Stadt Berlin die immensen Kosten für die Müllbeseitigung nach dem Wegfall des Demonstrationsstatus nicht mehr tragen wollte und den Veranstaltern Sponsoren absprangen, fiel die Veranstaltung 2004 und 2005 aus.

PARADE

125.

Seine Spandauer Grundschullehrerin schrieb dem späteren Dr. Motte ins Zeugnis: »Matthias stört den Unterricht mit pantomimischen Bewegungen.«

126.

Mitarbeiter der Berliner Stadtreinigung bekamen für die Aufräumarbeiten nach der Loveparade jährlich wechselnde T-Shirts mit Aufdrucken wie »We kehr for you« oder »Schau mir auf den Besen, Kleines.«

127.

Eine Gegenveranstaltung zur Loveparade, die ab 1997 deren Kommerzialisierung kritisierte, hieß erst Hateparade, dann Fuckparade.

128. 1992 wurde in Brandenburg eine Formation von Lärchenbäumen entdeckt, die von oben gesehen im Frühling und Herbst ein Hakenkreuz ergeben. Sie wurden in den 1930er-Jahren gepflanzt.

129. MC Hammer, dessen größter Hit 1990 »U Can't Touch This« war, ist heute ein Social-Media-Experte, der zu dem Thema Vorträge an den Universitäten Stanford und Harvard gehalten hat.

130. Mayim Bialik, die Blossom Russo in der Serie »Blossom« und später Dr. Amy Farrah Fowler in »The Big Bang Theory« spielt, hat einen Doktor in Neurowissenschaften.

131. Das längste Set des Techno-DJs Sven Väth dauerte nach eigenen Angaben 30 Stunden.

132. Das erste Smartphone verkaufte IBM 1994. Es hieß »Simon« und verkaufte sich bescheidene 50 000-mal.

133. **DER HALE-BOPP-KOMET, DER 1997 OHNE TELESKOP SICHTBAR WAR, INSPIRIERTE DIE US-SEKTE HEAVEN'S GATE ZUM MASSENSELBSTMORD. DIE 39 MITGLIEDER DER SEKTE TÖTETEN SICH SELBST.**

134. »Sofies Welt« von Jostein Gaarder war das erste Jugendbuch, das in Deutschland auf einer Bestsellerliste stand.

135. Um Schlachtpläne zu kopieren und zu drucken benutzten die irakischen Truppen während des Zweiten Golfkriegs Kopierer, die in den USA hergestellt worden waren. In die Geräte waren jedoch geheime Sender eingebaut worden, die es den US-Truppen ermöglichten, sie präzise zu orten und diese Daten für Raketenangriffe zu verwenden.

136. 1990 erhielt Nelson Mandela als letzter Preisträger den Internationalen Lenin-Friedenspreis, das sowjetische Äquivalent des Friedensnobelpreises. Den Friedensnobelpreis erhielt er 1993.

137. Das Amtsenthebungsverfahren gegen US-Präsident Bill Clinton im Zuge der Monica-Lewinsky-Affäre war erst das zweite gegen einen US-Präsidenten. Zuvor hatte es 1868 ein solches gegen Andrew Jackson gegeben – beide Verfahren scheiterten.

138. Margrit Herbst, die 1994 als Tierärztin beim Fleischhygieneamt im schleswig-holsteinischen Bad Bramstedt vor BSE-Fällen in Deutschland warnte, wurde infolgedessen fristlos entlassen und bekam nie wieder eine Stelle.

139. Der Sänger Shaggy kämpfte im Zweiten Golfkrieg als US-Soldat.

140.

EIN SCIENCE-FICTION-KINOSPOT DER SPD KAM IM WAHLKAMPF 1998 ZU DEM SCHLUSS: »DIE ZUKUNFT - NICHT JEDER IST DAFÜR GESCHAFFEN,« ALS DIE ENERGIE NICHT AUSREICHT, UM KANZLER HELMUT KOHL VON EINEM RAUMSCHIFF IM WELT-ALL HINUNTER AUF DIE ERDE ZU BEAMEN.

DJ

BOBO

DJ Bobo heißt mit bürgerlichem Namen Peter René Baumann.

DJ Bobo gelangte eher zufällig in die Musikszene, als er Anfang der 1980er-Jahre in einer Disco für einen erkrankten DJ einsprang.

141-144

DJ Bobo überlegte in den Neunzigern, seinen Namen zu ändern, weil er fand, dass der zu sehr nach Kindergeburtstag klang. Als er sah, dass die Namensänderung von Prince nicht gut ankam, entschied er sich dagegen.

DJ Bobo hat zugegeben, dass sein erster Hit »Somebody Dance With Me« (1992) von vorne bis hinten geklaut war.

145. Das Album des Sängers Sting »Ten Summoner's Tales« war 1994 das erste Produkt, das über das Internet verkauft wurde.

146. Britney Spears' Schulschwarm im Video von »... Baby One More Time« wurde von ihrem Cousin gespielt.

147. Bevor Thomas Jahn bei dem Film »Knockin on Heaven's Door« Regie führte, arbeitete er als Taxifahrer in Köln. Den Hauptdarsteller Til Schweiger überzeugte er in einer Buchhandlung von dem Filmstoff.

148. 1991 absolvierte Karl-Heinz (Charly) Körbel sein letztes Fußball-Bundesligaspiel für Eintracht Frankfurt. Es war sein 602. – ein bis heute ungebrochener Rekord.

149. Vincent Vega, die von John Travolta gespielte Figur im Film »Pulp Fiction«, ist der Bruder von Vic Vega, den Michael Madsen in Quentin Tarantinos »Reservoir Dogs« spielte.

150. Im Film »Das Schweigen der Lämmer« ist Anthony Hopkins als Hannibal Lecter nur 18 Minuten lang zu sehen. Dennoch gewann Hopkins für die Rolle den Oscar als bester Hauptdarsteller.

151. Weder in den Werbemitteln noch im Vorspann des Films »Sieben« wurde der Schauspieler Kevin Spacey erwähnt. So sollte dem Publikum verborgen bleiben, wer der Serienkiller sein könnte.

152. Das Haus, das im Vorspann der Serie »Der Prinz von Bel Air« gezeigt wird, liegt nicht im Stadtteil Bel Air von Los Angeles, sondern in Brentwood.

153. Im Fußball-WM-Finale von 1990 gegen Argentinien war eigentlich Lothar Matthäus als Elfmeterschütze vorgesehen. Doch weil dieser zur Halbzeit seine Schuhe gewechselt hatte, wollte er den entscheidenden Strafstoß nicht schießen. Stattdessen verwandelte Andreas Brehme.

154. Jean-Marc Bosman, der ehemalige Fußballer, dessen erfolgreiche Klage vor dem Europäischen Gerichtshof 1995 das Transfersystem revolutionierte und für astronomische Transfer- und Gehaltssummen sorgte, lebt heute am Existenzminimum.

155. Eine Woche bevor der Stürmer Edgar Schmitt vom Karlsruher SC im November 1993 vier UEFA-Pokal-Tore gegen den FC Valencia schoss und zu »Euro-Eddy« wurde, hatte er sich bei einem Autounfall viermal überschlagen.

156. Ed O'Neill, Darsteller des Al Bundy in der Serie »Eine schrecklich nette Familie«, hat einen Schwarzgurt im Kampfsport »Brazilian Jiu-Jitsu«.

157. Zac Hanson, jüngstes Mitglied der Band Hanson, ist der jüngste Komponist, dessen Song für einen Grammy nominiert wurde. Als er mit seinen Brüdern »MMMbop« schrieb, war er elf.

158.

Schauspielerin Julia Roberts cancelte 1991 die Hochzeit mit Kiefer Sutherland wenige Tage zuvor und verschwand mit dessen Freund Jason Patric nach Irland.

159. Der Titel des Films »Schtonk!« geht auf ein Zitat Charlie Chaplins aus »Der große Diktator« zurück.

160. Die Schauspielerin Hilary Swank wurde nach nur 16 Episoden bei der Serie »Beverly Hills, 90210« gefeuert. Ein paar Wochen später wurde sie für den Film »Boys Don't Cry« gecastet, wofür sie den Oscar als beste Hauptdarstellerin erhielt.

161. An dem Ortsschild der Stadt Aberdeen im US-Bundesstaat Washington, Heimatstadt des Nirvana-Sängers Kurt Cobain, steht: »Come as you are«.

162. »Unser Lehrer« Dr. Specht hieß mit Vornamen Markus Paul.

163. Marusha war mit dem Bruder von Westbam, DJ Dick, liiert.

164. Der Spielball bei der Fußball-WM 1990 hieß Etrusco Unico und war noch von Hand genäht.

165. Die 90er-Jahre-Boyband The Hansons sind heute Craft-Bier-Pioniere und verkaufen ihr eigenes Bier »MMMHops«.

166. Die Brüder Ronny und Maik Urland bauten (Jahre nach der Wende) den teuersten und schnellsten Trabbi der Welt: Er hatte 280 PS und nach einer Schätzung der Brüder einen Wert von 80 000 Euro.

167. Die »Tetris«-Melodie ist an das russische Volkslied Korobeiniki angelehnt, das wiederum auf einem Gedicht von Nikolai Alexejewitsch Nekrassow aus dem Jahr 1861 beruht.

168. Sebastian Krumbiegel von Die Prinzen hat als Kind im Thomanerchor gesungen und ist nach Bach benannt. Seine Mutter war eine Zeit lang Direktorin des Bach-Museums.

169. Michael Jordan wollte eigentlich bei Adidas unter Vertrag genommen werden, aber der Sportartikelhersteller unterbreitete ihm kein Angebot. Nike kam den Deutschen zuvor.

170. Michael Jordan ist der erste Sportler, der Milliardär wurde.

171. Die allererste Compilation »Bravo Hits« aus dem Jahr 1992 gilt als Sammlerstück und wird im Neuzustand für über 150 Euro gehandelt.

172. Das Erste, was auf E-Bay – das damals noch Auctionweb hieß – versteigert wurde, war ein kaputter Laserpointer für 14,83 Dollar. Ein Sammler von kaputten Laserpointern kaufte ihn.

173. Das Parfum »CK one« und Justin Bieber sind gleich alt.

174. Ringsprecher Michael Buffer hat sich den Satz »Let's get ready to rumble«, den er unter anderem vor Kämpfen von Henry Maske rief, rechtlich schützen lassen.

SMS

175.

Um herauszufinden, ob 160 Zeichen genügen, um zu kommunizieren, schauten sich die Entwickler Postkarten und Telexe an und zählten die verwendeten Zeichen.

;-)

176.

Der Kanal im GSM-Netz, den SMS-Nachrichten verwenden, war ursprünglich dazu gedacht, die Mobiltelefone über die Signalstärke und Netzstörungen zu informieren. Zuerst waren dort nur Nachrichten von 128 Zeichen Länge möglich, mit ein paar Tricks erhöhten die Entwickler das Limit auf 160.

177.

Der Text der weltweit ersten SMS, die am 3.12.1992 versendet wurde, lautete »Merry Christmas«.

178.

Eine Studie unter US-Truckern zeigte, dass SMS-Schreiben am Steuer die Unfallwahrscheinlichkeit um das 23-Fache erhöht, beim Wählen einer Telefonnummer stieg sie nur um das 5,9-Fache.

179.

SMS zu versenden war anfangs bei einigen Anbietern kostenlos.

<3

*

180.

Ende der Neunziger wurden in Deutschland bereits über 10 Millionen SMS pro Tag verschickt.

181.

In der nordrhein-westfälischen Gemeinde Dörentrup konnte man in den Neunzigern Straßenlaternen per SMS einschalten, die sonst aus Kostengründen dunkel blieben. Inzwischen schaltet man sie per Anruf ein.

182. Alf wurde vom kleinwüchsigen Schauspieler Mihály »Michu« Meszaros gespielt, der 2016 im Alter von 76 Jahren verstarb. Die kalifornische Stadt Hawthorne hat ihm zu Ehren die kürzeste Straße der Stadt Michu Lane genannt.

183. Gabrielle Carteris, die in der High-School- und College-Serie »Beverly Hills, 90210« den Teenager Andrea spielte, war 29, als die Serie begann.

184. »Siedler von Catan«, das heute nur noch »Catan« heißt, gibt es auch auf Afrikaans.

185. Bislang wurden 25 Millionen »Catan«-Spiele verkauft.

186. Das Ace-of-Base Gründungsmitglied Ulf Ekberg war zuvor Teil der schwedischen Nazi-Band Commit Suiside.

187. Ex-Talkshowmoderator Hans Meiser wurde 2015 Kreuzfahrtdirektor auf der MS Hamburg.

188. Bianca Illgner, die Frau von Weltmeister-Torwart Bodo Illgner, hatte den Ruf, eine sehr involvierte Spielerfrau zu sein: Einmal klingelte sie spätnachts Berti Vogts aus dem Bett, um sich zu beschweren, dass die Kinder des Spielerkollegen Stefan Effenberg beim Mannschaftsessen dabei waren und ihre nicht.

189. Skisprunglegende Jens Weißflog ist heute Hotelier im Erzgebirge.

190. Der Dancefloor-Musiker Dr. Alban (»It's My Life«) ist wirklich Doktor und hatte in Schweden vor seiner Musikkarriere eine Zahnarztpraxis.

191. Christian Tramitz aus der »Bullyparade« ist die deutsche Synchronstimme von Tingeltangel-Bob bei den Simpsons.

192. Sean Connery bekam für seinen Kurzauftritt als Richard Löwenherz in »Robin Hood – König der Diebe« 250 000 Dollar. Angeblich spendete er das Geld.

193. 1994 ERNANNTE DAS ›TIME-MAGAZIN‹ PAPST JOHANNES PAUL II. ZUM ›MANN DES JAHRES‹. BEGRÜNDUNG: SEIN ENGAGEMENT FÜR DEN WELTFRIEDEN UND SEIN BEITRAG ZUM ZUSAMMENBRUCH DES KOMMUNISMUS.

194.

In Christian Krachts Roman »Faserland« kommen 70 verschiedene Marken- und Produktnamen vor.

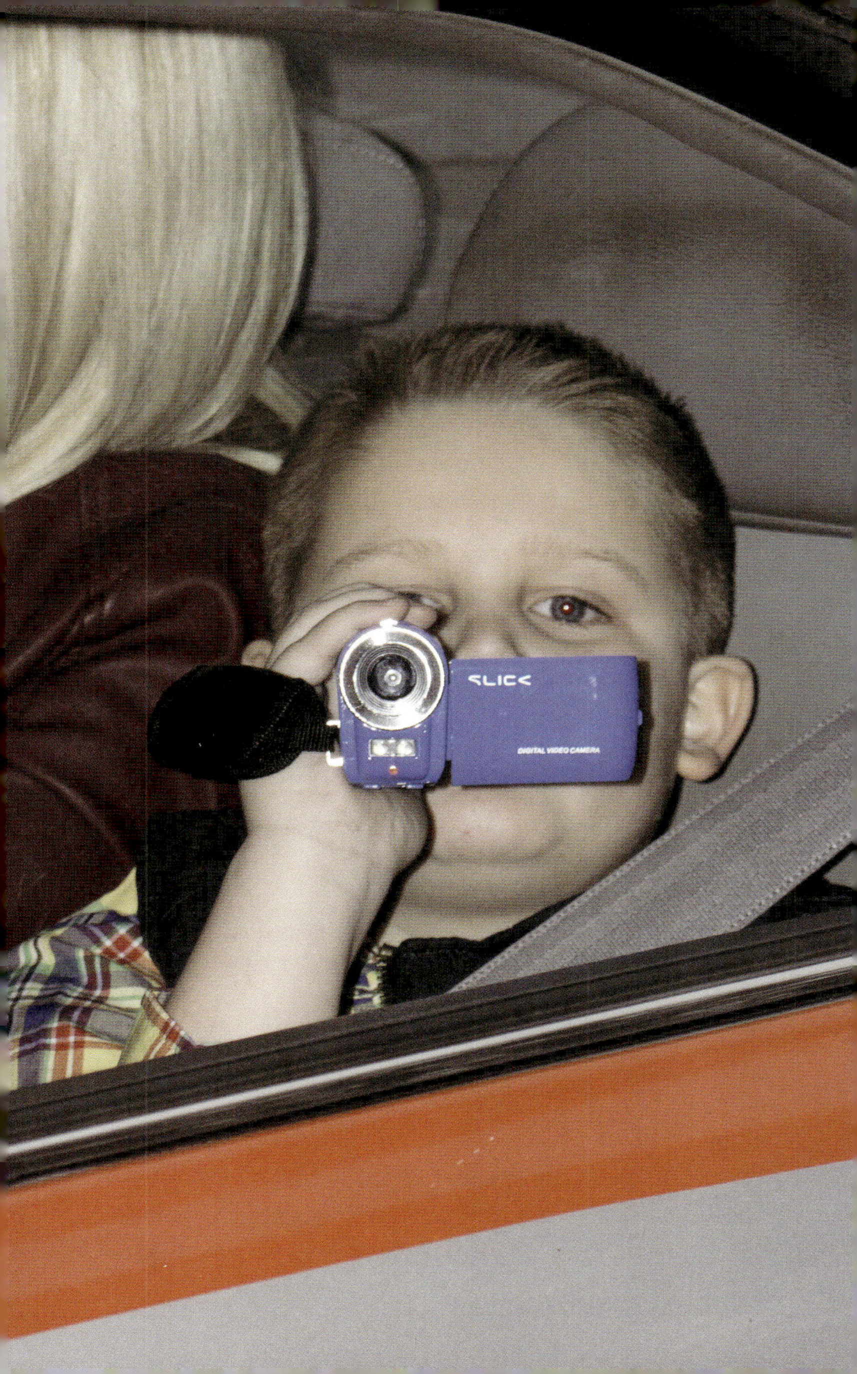
SLICK
DIGITAL VIDEO CAMERA

195. Charles O'Rear, der Fotograf des berühmten Windows-XP-Bildschirmhintergrundes »Bliss«, das blauen Himmel und grüne Hügel zeigt, hat das Bild 1998 nach einem Gewitter im Napa Valley geschossen. Er soll eine niedrige sechsstellige Summe dafür erhalten haben.

196. Der ehemalige Boxer Henry Maske betreibt zehn McDonald's-Filialen.

197. Darren Star war nicht nur der Produzent der Serien »Beverly Hills, 90210« und »Melrose Place«, sondern auch von »Sex and the City«.

198. Der Schauspieler Bruno Maccallini, der in der Nescafé-Werbung mit dem Satz »Isch abe gar kein Auto« berühmt wurde, wird bis heute mit dem Melitta-Mann Egon Wellenbrink verwechselt.

199. Der vielleicht berühmteste Basketball-Freiplatz der Welt, auf dem auch die Streetball-Bewegung ihren Anfang nahm, ist der »Rucker Park« im New Yorker Stadtteil Harlem.

200. Von der Comicmaus Diddl gab es zunächst nur 48 Postkarten.

201. Mariah Carey hat für 600 000 Dollar in den Neunzigern den weißen Stutzflügel ersteigert, der einst Marilyn Monroe gehört hat.

202. »Candle in the Wind« gilt als die seit 1997 meistverkaufte Single aller Zeiten in Deutschland.

203. Der berühmte gelayerte »Rachel«-Haarschnitt aus der TV-Serie »Friends«, der als einer der ikonischen 90er-Jahre-Frisuren gilt, geht auf den Stylisten Chris McMillan zurück.

204. Der inzwischen verstorbene Designer Alexander McQueen schickte 1995 Models mit zerrissenen Kleidern und zerzausten Haaren auf den Laufsteg, der mit Laub ausgelegt war. Die Show hieß Highland Rape.

205. In der Serie »DuckTales – Neues aus Entenhausen« spielt Donald Duck nahezu keine Rolle. Er taucht nur in wenigen Folgen als Statist auf.

206. Joschka Fischer lief den New York Marathon 1999 in 3:55 Stunden, der österreichische Rechtspopulist Jörg Haider in 3:36.

207. Margarete Schreinemakers war zwei Jahre mit Jürgen von der Lippe verheiratet. Grund für die Scheidung: Sie wollte Kinder, er nicht.

208. Absichtliche Buchstabendreher wie bei dem durch die Show »RTL Samstag Nacht« bekannt gewordenen Sketch »Kentucky schreit ficken« nennt man in der Sprachwissenschaft Spoonerismen.

209. Der von Til Schweiger gespielte Jo Zenker in der »Lindenstraße« lebt und arbeitet laut Drehbuch inzwischen in Hollywood.

Der Film »Titanic« war so beliebt, dass ihn manche Kinos so oft zeigten, bis ihre Filmrollen unbrauchbar waren und die Filmfirma Paramount Ersatzkopien liefern musste.

Alle Szenen, die im Jahr 1912 spielen, haben eine Gesamtlänge von 2 Stunden und 40 Minuten – genauso lange, wie die Titanic zum Untergehen brauchte.

TITANIC

210-216

Céline Dion konnte den »Titanic«-Titelsong »My Heart Will Go On« anfangs nicht leiden und nahm ihn in nur einem einzigen Take im Studio auf.

Der Film war mit 200 Millionen Dollar teurer als die Titanic selbst – die damaligen Kosten des Schiffs von 1,5 Millionen Pfund hätten im Jahr 1997 zwischen 120 und 150 Millionen Dollar entsprochen.

»Titanic« ist der erste Film, der immer noch in einigen Kinos lief, als er auf VHS veröffentlicht wurde.

Die Hände, die man sieht, wie sie Kate Winslet alias Rose zeichnen, sind nicht die von Hauptdarsteller Leonardo DiCaprio, sondern die des Regisseurs James Cameron.

Regisseur James Cameron verbrachte im Laufe seiner Tauchgänge mehr Zeit mit der Titanic als die damaligen Passagiere – zu Lebzeiten.

217. Die Entfernung eines Arschgeweihs kostet etwa zehnmal so viel wie das Stechen.

218. Der Horrorfilm »Blair Witch Project« hat nur 60 000 Dollar gekostet, bis heute aber international fast 250 Millionen Dollar eingespielt.

219. Aus dem Film »The Big Lebowski« hat sich der Dudeismus geformt, eine Art Religion und Lebenseinstellung, die an den Dude angelehnt ist. Näheres unter: dudeism.com.

220. Das Lieblingsessen von Nelson Mandela waren Kutteln, also der in Streifen geschnittene Pansen von Wiederkäuern.

221. Die amerikanische Wirtschaft gab rund 90 Milliarden Dollar aus, um sich vor dem Millennium-Bug zu schützen, die US-Regierung zusätzlich etwa 9 Milliarden.

222. **Prince hat sich 1992 seine Erfindung des »Keytar« – einer umhängbaren Klavier-Gitarre – rechtlich schützen lassen.**

223. Es gibt eine wissenschaftliche Arbeit darüber, warum Karl Klammer, der auf Englisch »Clippy« hieß und zwischen 1997 und 2007 ein virtueller Helfer in der Microsoft-Textverarbeitung Word war, von so vielen Menschen gehasst wurde.

224. Pierre Littbarski hat ein Japanisch-Lernbuch herausgebracht.

225. Skilegende Markus Wasmeier spielt Zither und Schoßgeige.

226. Der frühere Microsoft-Chef Bill Gates spricht keine Fremdsprache.

227. Ein Feuermal, wie Michail Gorbatschow eines auf der Stirn hat, heißt auf Englisch »port wine stain« und umgangssprachlich auch auf Deutsch Portweinfleck.

228. Albanien gilt als das Land mit der höchsten Mercedes-Dichte der Welt, zum Großteil sind es Fabrikate aus den 1990ern.

229. Schauspieler Nick Nolte wurde 1992 vom Magazin »People« zum »Sexiest Man Alive« gewählt.

230. Der Film »Sonnenallee« kam an dem Tag in die Kinos, an dem die DDR ihren 50. Geburtstag gefeiert hätte: am 7.10.1999.

231. Guildo Horn heißt mit bürgerlichem Namen Horst Köhler.

232.

SO LANGE WIE
STEFFI GRAF
STAND NIEMAND
AN PLATZ 1 DER
WELTRANGLISTE:
377 WOCHEN,
DAVON 186 WO-
CHEN IN FOLGE.

233.

Super Mario trug nur deshalb Mütze, weil Haare so schwierig darstellbar waren, und nur deshalb einen Schnurrbart, damit die Nase größer wirkte.

I CAME TO BREAK
HEARTS

234. Auf die Frage, was einmal auf ihrem Grabstein stehen soll, sagten »Fantastischen 4« einmal in einem Interview: »Jetzt sind sie weg.«

235. Mitte der Neunziger gab es in Deutschland Schätzungen zufolge rund 750 000 Menschen, die Telefonkarten sammelten. Die teuersten wurden für mehrere Tausend Mark gehandelt, zeitweise gab es sogar eine spezielle Telefonkarten-Ausgabe des MICHEL-Katalogs, dem Standardwerk für Briefmarkensammler.

236. Rachel Marron, die Hauptfigur im Film »Bodyguard«, wohnt in derselben Villa, die für Dreharbeiten von »Der Pate« genutzt wurde.

237. Die Idee, den Berliner Reichstag zu verhüllen, hatten nicht Christo und Jean-Claude, sondern bereits 1971 der in Berlin lebende Amerikaner Michael S. Cullen, der Arbeiten des Künstlerpaars auf der Documenta 4 gesehen hat und ihm daraufhin eine Postkarte schrieb: »Why don't you wrap the Reichstag?«

238. Der damalige Präsident Bill Clinton beschwerte sich über die angebliche Freizügigkeit der berühmten Calvin-Klein-Kampagne mit Mark Wahlberg und Kate Moss.

239. Der Kaufhaus-Erpresser Dagobert war auch für seine ironischen Hinweise an die Polizei bekannt: In einem Schreiben stand: »Fallen Sie bitte mit dem Geld nicht ins Wasser.«

240. Der Sänger Falco (bürgerlich: Johann Hölzl) benannte sich nach dem DDR-Skispringer Falko Weißpflog.

241. Die Kinder von Helge Schneider sollen ihn zeitweise »Papa Katzeklo« genannt haben.

242. Mark Wahlberg trat Anfang der Neunziger mit Marky Mark and the Funky Bunch als Vorband von New Kids on the Block auf.

243. Um das Lied »Barbie Girl« von Aqua gab es einen Rechtsstreit, weil Mattel seine Markenrechte verletzt sah. Barbie wurde darin unter anderem als »blonde bimbo« bezeichnet. Der US-Supreme Court erklärte das Lied als »Spottlied« für zulässig.

244. Wil Wheaton, der Schauspieler aus »Star Trek – The Next Generation« und »Stand by me«, moderiert heute einen Youtube-Kanal über Brettspiele.

CLAUDIA

SCHIFFER

Claudia Schiffers Talkshow »Close Up« wurde 1995 nach nur einer einzigen Folge abgesetzt.

245.

Claudia Schiffer wurde zweimal von der Polizei ermahnt, weil ihr Schäferhund Oscar und ihr Irischer Wolfshund Roxy Nachbarshunde und den Briefträger gejagt hatten.

246.

Der Cousin von Claudia Schiffer, Patrick Schiffer, war Vorsitzender der Piratenpartei und führte diese in den Bundestagswahlkampf 2017.

247.

Als Schülerin wurde Claudia Schiffer wegen ihrer langen Beine gehänstelt.

248.

Claudia Schiffer heißt seit ihrer Heirat offiziell Claudia De Vere Drummond.

249.

Claudia Schiffer wollte eigentlich Rechtsanwältin werden.

250.

Die Spielzeugfirma Hasbro veröffentlichte 1995 eine barbieähnliche Claudia-Schiffer-Puppe; das Topmodel durfte bei der Gestaltung des Puppenkleides mitwirken.

251.

252.

Im Video von George Michaels Hit »Freedom« traten die Supermodels Linda Evangelista, Naomi Campbell, Christy Turlington, Cindy Crawford und Tatjana Patitz auf. Regie führte David Fincher (»Sieben«, »Fight Club«).

253. Von den 1989 eingeführten Magnum-Sorten ist Mandel die in Deutschland beliebteste.

254. Der »Zentrale Runde Tisch«, an dem ab 7.12.1989 die DDR-Führung mit der Opposition beriet, war eckig.

255. Obwohl die erste E-Mail bereits 1971 verschickt wurde, dauerte es bis 1996, bis das E-Mail-Aufkommen in den USA die Menge an verschickten Briefen überschritt.

256. Wolfgang Lippert wurde deshalb nach neun Folgen bei »Wetten, dass ...?« abgesetzt, weil sich Thomas Gottschalk vor dem Fernseher darüber ärgerte, dass Lippert Paul McCartney als Gast bekommen hatte und dem schwitzenden Ex-Beatle sogar die Stirn abtupfte.

257. 1990 waren 130 Häuser in Berlin besetzt.

258. Die Tiertrainerin Teresa Ann Miller, die unter anderem »Kommissar Rex« trainierte, stammt aus einer Tiertrainerfamilie: Ihr Vater Karl Lewis war federführend bei »Ein Schweinchen namens Babe«, ihr Bruder ist spezialisiert auf Reptilien, Würmer und Insekten.

259. Die Atomstreitkräfte der USA benutzten bis 2017 noch Floppy-Disketten.

260. Nach J. K. Rowlings eigener Angabe spiegeln die Dementoren in »Harry Potter« ihre Erfahrungen mit Depressionen wider.

261. Der letzte Opel Manta lief 1988 vom Band. Heute gibt es noch etwa 3700 Oldtimer dieses Modells.

262. Das im Film »Rossini« dargestellte Münchner Restaurant befand sich in der Elisabethstraße 52 in München und hieß eigentlich »Romagna Antica«. Für den Dreh des Films 1997 wurde es im Bahnausbesserungswerk München-Freimann als Kulisse originalgetreu nachgebaut, weil es nicht so lange hätte schließen können.

263. Der Hacker Kevin Poulsen wurde Anfang der Neunziger berühmt, als er die Telefonleitungen zu sämtlichen Radiostationen in Los Angeles unter seine Kontrolle brachte und sich so die Gewinne aus mehreren Radiogewinnspielen sicherte – unter anderem einen Porsche 944 und 20 000 Dollar in bar.

264. Jay Z, Busta Rhymes und The Notorious B.I.G. waren zusammen auf der Schule. Die drei besuchten die George Westinghouse Career and Technical Education High School in Brooklyn, New York.

265. Das Computerspiel »Myst« (1993), das mit seiner rätselhaften Spielwelt über sechs Millionen Spieler in seinen Bann zog, wurde von den Söhnen eines fahrenden Predigers entwickelt.

FitBALL

266.

Psychologen sprechen offiziell vom »Truman-Syndrom«, wenn Betroffene denken, sie seien Darsteller in einer immerwährenden Reality-Fernsehshow.

267. Das Wort »Geek« stammt vom niederdeutschen Wort Geck ab. Ursprünglich bezeichnete es Zirkusvolk. Erst seit den 90ern wird es genutzt, um einen Expertenstatus auszudrücken.

268. Das »Dancing-Baby-Meme« entstand nicht im Internet, sondern in der Fernsehserie »Ally McBeal«. Die »Baby Cha-Cha« genannte Computeranimation eines nackten tanzenden Babys symbolisierte die tickende biologische Uhr der TV-Anwältin und löste eine Welle von Baby-Videos aus: Kung-Fu-Babys, Rasta-Babys, Samurai-Babys und schließlich einen tanzenden Jesus in »Die Simpsons«.

269. Bis zum 1.12.1990 wurden in Berlin 184 km Mauer, 154 km Grenzzaun, 144 km Signalanlagen und 87 km Sperrgräben entfernt.

270. Steven Spielberg kaufte die Rechte an »Jurassic Park«, noch bevor das Buch erschienen war. Der Autor Michael Crichton hatte ihm während der Arbeit an der TV-Serie »Emergency Room« davon erzählt.

271. Im 127 Minuten langen Film »Jurassic Park« sind nur für insgesamt 14 Minuten Dinosaurier zu sehen.

272. 1997 gelang es Wissenschaftlern zum ersten Mal, die ungewöhnlichen Fluten und Dürren des Klimaphänomens El Niño Monate im Voraus vorherzusagen. Es ist auch das Jahr, seitdem sich El Niño nicht weiter verstärkt hat.

273. Auf dem offiziellen Porträt von US-Präsident Bill Clinton, das der Maler Nelson Shanks für die National Portrait Gallery anfertigte, in der ein Porträt jedes US-Präsidenten hängt, ist das berühmte blaue Kleid von Monica Lewinsky als Schatten zu sehen.

274. Shanks machte seine subversive Botschaft erst öffentlich, nachdem Clinton das Porträt offiziell enthüllt hatte. Die Bitte der Clintons, das Bild wieder abzuhängen, lehnte die National Portrait Gallery ab.

275. Im Aerosmith-Song »Livin' on the Edge« ist eine Bassdrum zu hören, die Steven Tylor als Jugendlicher in seiner Highschool geklaut hatte.

276. DER RAPPER THE NOTORIOUS B.I.G. HAT SEINE REIME NICHT AUFGESCHRIEBEN, SONDERN RAPPTE AUCH IM STUDIO ALLE TEXTE AUS DEM KOPF.

FRIENDS

277.
Als Matt LeBlanc für die Rolle als Joey vorsprach, besaß er nach eigenen Angaben noch elf Dollar.

278.
Dem Schauspieler Matthew Perry, der Chandler Bing spielt, fehlt die Spitze des rechten Mittelfingers.

279.
Friends-Charakter Monica sortiert ihre Handtücher in elf verschiedene Kategorien, unter anderem »alltäglicher Gebrauch«, »besondere Anlässe«, »für Gäste« und »für besondere Gäste«.

280.

Der Schauspieler, der neben den sechs Hauptdarstellern am häufigsten in »Friends« auftritt, ist James Michael Tyler, der die Café-Bedienung Gunther spielt.

281.

Das Bild, das im Café »Central Perk« an der Wand hängt, wechselt alle drei Episoden.

282.

Die Serienerfinder Marta Kauffman and David Crane haben am Titelsong »I'll Be There For You« mitgeschrieben.

283.

Jennifer Aniston und Matthew Perry aus der Serie »Friends« sind die Hauptdarsteller in einem halbstündigen Lehrvideo für Windows 95.

284. In einem »Rolling Stone«-Interview im Jahr 1994 erzählte Brad Pitt, dass er sich an jedem Drehort ein Fahrrad kauft, damit er in den Pausen schnell ausbüchsen kann. Sei der Dreh zu Ende, würde er es irgendwo anschließen und bei späteren Besuchen in der Stadt nachschauen, ob es noch da ist.

285. Die Serie »Buffy« hatte einen derartigen popkulturellen Einfluss, dass sich ein eigener akademischer Zweig daraus entwickelte, die sogenannten »Buffy Studies« – inklusive Fachzeitschrift, Konferenzen und Aufsätzen wie »Buffy the Vampire Disciplinarian: Institutional Excess and the New Economy of Power.«

286. Disney wollte auf der zum Konzern gehörenden Insel Discovery Island in Florida einen »Myst«-Themenpark zum gleichnamigen Videospiel eröffnen. Dieser wurde am Ende jedoch nicht realisiert. Die Insel mit ihren Hängebrücken und Tiergehegen ist heute zugewuchert.

287. Die Band Smashing Pumpkins verwendete in ihrem Song »Where Boys Fear To Tread« das Geräusch des Raketenwerfers aus dem Computerspiel »DOOM«.

288. Während des Drehs des Fernseh-Zweiteilers von Stephen Kings »Es« fanden die anderen Schauspieler die Darstellung von Tim Curry als Clown Pennywise so gruselig, dass sie am Set einen Bogen um ihn machten.

289. Die Moderatorin Bärbel Schäfer moderierte die nach ihr benannte Talkshow auf RTL von 1995 bis 2002 ganze 1500-mal.

290. Die beiden // von »http://« am Anfang von URLs sind unnötig. Als Tim Berners-Lee Anfang der Neunziger das Internet, wie wir es heute kennen, entwickelte, war ihm das aber nicht bewusst.

291. Die Punchline im Aids-Aufklärungsspot mit Ingolf Lück als Kunde und Hella von Sinnen an der Kasse lautete ursprünglich: »Rita, wat kosten die Kondome?« Aus Sorge, es könnte ein Bezug zur damaligen Gesundheitsministerin Rita Süssmuth hergestellt werden, wurde der Text in »Tina, wat kosten die Kondome?« geändert.

292. Die 16-jährige Monica Seles beendete am 20. Mai 1990 die 66 Matches andauernde Siegesserie von Steffi Graf. Und wurde kurz darauf bei den French Open die bis dahin jüngste Grand-Slam-Siegerin.

293. 1990 erhielten ARD und ZDF den auf der Frankfurter Buchmesse verliehenen Medienpreis »Preis der beleidigten Zuschauer«. Begründung: Der Slogan »Bei ARD und ZDF sitzen Sie in der ersten Reihe« bevormunde die Zuschauer. Man solle es diesen selbst überlassen, wo sie sitzen wollen. Außerdem sei die erste Reihe nicht unbedingt die beste.

294. Pixars »Toy Story« war der erste komplett computergenerierte Film der Filmgeschichte.

295.

STEVE JOBS WOLLTE DEN IMAC URSPRÜNGLICH MACMAN NENNEN. SEINE KREATIV-AGENTUR BRACHTE IHN DAVON AB.

296. Seit vielen Jahren gehört die Weihnachtsfolge »Alle Jahre wieder« der WDR-Sitcom »Familie Heinz Becker« zum Heiligabendprogramm der ARD. Erstausgestrahlt wurde sie jedoch sehr unweihnachtlich am 19. Juli 1994.

297. Der Film »Lola rennt« von Tom Tykwer hatte großen popkulturellen Einfluss: Neben der Simpsons-Folge »Trilogie derselben Geschichte« und der lesbischen Liebeskomödie »And then came Lola« basiert auch das Videospiel »The Legend of Zelda: Majora's Mask« auf dem Film mit Franka Potente.

298. TIM BERNERS-LEE, DER MANN, DER DAS WORLD WIDE WEB ERFAND, HAT MIT SEINER ERFINDUNG KEIN GELD VERDIENT.

299. Ursprünglich sollte Barbie eine Rolle in »Toy Story« bekommen. Doch Mattel hielt den Film für einen sicheren Flop und wollte seine Puppe nicht damit assoziiert wissen. Nachdem der Film für einen Oscar nominiert wurde, durfte Barbie in Teil 2 mitspielen.

300. Seit 1996 ist der 8. März in Ottawa, Kanada, der offizielle »Alanis Morissette Day«.

301. Die Sängerin von Hits wie »Ironic« stammt aus der Stadt, ist nach eigenen Angaben aber »entsetzt« über die Würdigung.

302. Um die Bewegungen der Plastiksoldaten in »Toy Story« authentisch wirken zu lassen, nagelten sich die Designer des Films Bretter unter Turnschuhe und nahmen die Gehbewegungen auf.

303. Als die Taliban 1996 die Kontrolle in Afghanistan übernahmen, ließen sie alle Männer verhaften, deren Bärte sie für zu kurz befanden.

304. Der Moderator Jürgen Domian, der von 1995 bis 2016 im WDR die nach ihm benannte nächtliche Kummerkastenshow moderierte, litt als Student an Bulimie.

305. Die Löwenmähne, die Tennisspieler André Agassi in den 90ern trug und die sein Markenzeichen wurde, war eine Perücke, mit der er seinen Haarausfall kaschieren wollte.

306. Der Fernsehsender ProSieben war ursprünglich unter dem Namen Eureka von »fundamentalistischen Christen, Videoclip-Fanatikern, Filmjournalisten und einer Firma gegründet worden, die in Wartezimmern von Ärzten Videoprogramme zeigen wollte« (Der Spiegel).

307. Der Begriff Techno wurde in Detroit geprägt, der Begriff House in Chicago.

IM SO HUNGRY

308.

Ein Großteil des Albums »OK Computer« der Band Radiohead wurde im Haus der Schauspielerin Jane Seymour (»Dr. Quinn – Ärztin aus Leidenschaft«) aufgenommen.

309. Unter den 20 in Deutschland erfolgreichsten Filmen der 90er ist nur ein deutscher Film: »Der bewegte Mann«.

310. Bodo Illgner, Fußballweltmeister von 1990, veröffentlichte 2005 mit seiner Frau Bianca Illgner den Roman »Alles«. Das Buch handelt von einem Fußballspieler und seiner Frau.

311. Die 90er sind das bisher einzige Jahrzehnt, in dem es gleich zwei neue Serien aus dem Star-Trek-Universum gab: »Deep Space Nine« und »Star Trek: Raumschiff Voyager«.

312. Whoopi Goldberg spielte von 1988 bis 1993 in der TV-Serie »Raumschiff Enterprise: Das nächste Jahrhundert« mit.

313. Danica McKellar, die Winnie Cooper in der Serie »Wunderbare Jahre« spielt, ist Mathematikerin. Das Chayes-McKellar-Winn-Theorem ist nach ihr benannt.

314. Fünf Jahre vor der Serie »Buffy – Im Bann der Dämonen« mit Sarah Michelle Gellar gab es den Spielfilm »Buffy, der Vampirkiller« (1992) mit Kristy Swanson, Luke Perry und einem Mini-Auftritt des damals noch unbekannten Ben Affleck als Basketballspieler.

315. Wer im Videospiel »Super Mario Bros. 3« in Land 2, Level 2 zwei Zauberflöten hintereinander benutzt, kann alle Länder und Levels überspringen und direkt ins Land Nummer 8 reisen.

316. Nostradamus hatte angeblich den Weltuntergang für Juli 1999 vorausgesagt. »Im Jahre 1999 und sieben Monate«, so entschlüsselten seine Anhänger einen seiner Verse, »wird vom Himmel der große König des Terrors kommen / er wird den König der Mongolen bringen. / Davor und danach wird der Krieg regieren.«

317. Der Komponist Günther Kochan widmete Helmut Kohls »blühenden Landschaften« eine Sinfonie.

318. Die japanische Originalversion von »Super Mario Bros. 3« war viel schwieriger als die in anderen Ländern veröffentlichte.

319. Die letzten MiniDisc-Player wurden im September 2011 ausgeliefert.

320. 2011 schaffte es David Hasselhoff ins »Guinessbuch der Rekorde« mit dem höchsten »reverse bungee jump«. Dabei ließ sich Hasselhoff an einem Bungeeseil 70 Meter in die Höhe katapultieren.

321. »Schrei nach Liebe« von den Ärzten war sowohl 1993 (Platz 1) als auch 2015 (Platz 9) in den deutschen Singlecharts.

322. »One Love« von Bob Marley führt die Top-4-Liste von Songs an, die Rob in Nick Hornbys Roman »High Fidelity« auf seiner Beerdigung gespielt haben möchte.

MTV

323.

In der MTV-Sendung »MTV's Most Wanted« war es ein Running Gag, dass der Moderator sich mit dem Kameramann Rob unterhielt und diesen in die Sendung einband. Heute filmt Rob Mansfield die Modenschauen der Dessousmarke »Victoria's Secret«.

324.

Bei den MTV Awards 1992 spuckte Kurt Cobain auf ein Piano, weil er annahm, dass der von ihm gehasste Guns N' Roses-Sänger Axl Rose darauf spielen würde. Es war jedoch das von Elton John.

325.

Der frühere Handballprofi Stefan Kretzschmar moderierte die Sendung »MTV Sushi« aus seinem Wohnzimmer heraus.

326.

Der US-VJ Adam Curry (u.a. »Headbangers Ball«) sicherte sich 1993 die Domain mtv.com und baute selbst eine Seite. Als sein Arbeitgeber MTV ihn später deshalb verklagte, kam es zu einer außergerichtlichen Einigung. Später gründete Curry ein Start-up für Podcasts.

327.

Bei der Hochzeit des legendären MTV-Moderators Ray Cokes 1998 in Saint-Tropez spielte die Band The Cure ihren größten Hit leicht abgewandelt: »Saturday, I'm in love«.

328.

Weil Stefan Raab den Rapper Moses Pelham in einer VIVA-Sendung als »Möschen« bezeichnet hatte, brach der ihm nach der Echo-Verleihung 1997 die Nase.

VIVA

329. Leonardo DiCaprio hätte beinahe in »Baywatch« mitgespielt – als Mitch Buchannons Sohn Hobie. Buchannon-Darsteller David Hasselhoff fand aber, dass DiCaprio ihn alt wirken lasse und so wurde ein jüngerer Schauspieler als Sohn engagiert.

330. In der Mandarin-Synchronisierung des Disneyklassikers »Die Schöne und das Biest« leiht Karate-Star Jackie Chan dem Biest seine Stimme.

331. Ursprünglich gab es 151 Pokémon, die für ein Videospiel von Nintendo erfunden wurden, das 1998 erschien. Inzwischen sind es über 800.

332. Der Filmregisseur und Produzent Judd Apatow (»Superbad«, »Girls«) schrieb 1990 eine Folge für »Die Simpsons«, die erst 2014 realisiert und im Januar 2015 ausgestrahlt wurde.

333. Die Backstreet Boys benannten sich nach einem Flohmarkt in ihrer Heimatstadt Orlando, Florida.

334. **DIE ENGLISCHE ERSTAUFLAGE VON »HARRY POTTER UND DER STEIN DER WEISEN« UMFASSTE NUR 500 EXEMPLARE, 300 DAVON WURDEN AN BIBLIOTHEKEN AUSGELIEFERT.**

335. Der Kaufhaus-Erpresser Dagobert zahlt noch immer Schadensersatz an die von ihm erpresste Kette Karstadt. Auch sein Honorar aus dem Dschungelcamp, 40 000 Euro, gab er ab.

336. Der Markenname Lonsdale bezieht sich auf den fünften Grafen von Lonsdale, der sich Ende des 19. Jahrhunderts für den Boxsport einsetze.

337. Im Lauf von »Sex and the City« stellt Carrie Bradshaw in ihrer Kolumne 92 Fragen.

338. Bei der Beerdigung von Prinzessin Diana 1997 sang Elton John eine umgetextete Version von »Candle in the Wind«, das er 1973 ursprünglich für Marilyn Monroe geschrieben hatte. Er änderte den Text unter anderem von »Goodbye Norma Jean« (Monroes richtiger Vorname) zu »Goodbye England's Rose«. Die neue Version war kommerziell viel erfolgreicher.

339. Am Set von »Baywatch« wurden jeden Monat 80 Flaschen Sonnencreme verbraucht.

340. Justin Timberlakes Mutter sagte vor Gericht aus, dass sie und nicht der Bandmanager Lou Pearlman die Idee hatte, den Bandnamen *NSYNC aus den letzten Buchstaben der Vornamen aller Bandmitglieder zusammenzusetzen.

341. Der britische Premierminister Tony Blair sang als Student in der Band Ugly Rumours.

342.

MIT 1,13 MILLIONEN EXEMPLAREN IN DER ERSTEN WOCHE STELLTE DAS ALBUM ›MILLENNIUM‹ VON DEN BACKSTREET BOYS EINEN NEUEN VERKAUFS-REKORD AUF.

343. Die vom Grafiker Thomas Goletz erfundene Diddl-Maus war ursprünglich ein Känguru. Doch die Proportionen einer Maus passten besser auf Merchandising-Artikel wie Kaffeetassen.

344. Matthias Sammer, Fußballer des Jahres 1995 und 1996, ist ausgebildeter Maschinen- und Anlagenmonteur.

345. Die kanadische Studentin Deirdre LaCarte wettete im August 1998 mit ihrer Schwester, wer die erfolgreichere Webseite basteln könne. Sieben Monate lang hatte sie mit animierten Hamstern keinen Erfolg. Erst Anfang 1999 wurde das Internet darauf aufmerksam und die Seite erzielte binnen drei Monaten 17 Millionen Klicks.

346. Nachdem sich die Boyband Bros 1992 aufgelöst hatte, ging Luke Goss, eine Hälfte des Zwillingsduos, als Schauspieler nach Los Angeles und machte dort in Filmen wie »Blade 2«, »Hellboy 2« und »Interview With A Hitman« Karriere.

347. Mangels professioneller Lichtanlagen wurden auf Technopartys im Nachwende-Berlin Lasereffekte mit liebevoll präparierten Diaprojektoren nachgeahmt.

348. DJ Marusha bekam von ihrer griechischen Mutter den Namen Marusha Aphrodite. Da der Name in Deutschland jedoch nicht anerkannt wurde, musste sie als Kind Marion heißen. Erst mit 20 konnte sie den Namen Marusha auch offiziell annehmen.

349. Als Kind lebte der spätere Bundeskanzler Gerhard Schröder mit seiner achtköpfigen Patchworkfamilie in einer Zweizimmerwohnung.

350. Über die ersten Technopartys in Berlin, zum Beispiel im häufig den Ort wechselnden Club Ufo, wurden Raver über verschlüsselte Botschaften in einer SFB-Radiosendung informiert.

351. 2,5 Milliarden Menschen verfolgten vor dem Fernseher, wie am 6. September 1997 Lady Diana beerdigt wurde. Oben auf ihrem Sarg: eine Karte von ihren Söhnen Harry und William mit der Aufschrift »Mummy«.

352. **DER SCHOKORIEGEL »RAIDER« WURDE 1991 IN »TWIX« UMBENANNT, UM EINEN INTERNATIONAL EINHEITLICHEN NAMEN ZU GEWÄHRLEISTEN – IN 70 PROZENT DER LÄNDER HATTE DER RIEGEL SCHON IMMER TWIX GEHEISSEN.**

353.

Der Sitz der Firma Chiemsee ist in Norderstedt, Schleswig-Holstein.

354. 1999 rief Disney 3,4 Millionen Videokassetten von »Bernard und Bianca« zurück, weil in zwei Einzelbilder das Foto einer nackten Frau einmontiert war.

355. Als der damalige Kanzler Gerhard Schröder 1999 bei »Wetten, dass …?« zu Gast war, versprach er als Wetteinsatz, die älteste Zuschauerin im Saal in der Kanzlerlimousine nach Hause zu fahren. Als deren ganze Familie in den Wagen stieg, war für Schröder selbst kein Platz mehr.

356. Kim Jong Il war in den Neunzigern der größte Privatkunde der Cognacfirma Hennessy.

357. Die Drehbuchautorin Helen Childress war 19 Jahre alt, als sie das Drehbuch für den Kultfilm »Reality Bites« schrieb.

358. Norbert Blüm hat seine Frau in einer Vorlesung des späteren Papsts Joseph Ratzinger kennengelernt.

359. Nachdem der Autor Michel Houellebecq in seinem Roman »Elementarteilchen« seine Mutter verhöhnte, antwortete diese mit einem eigenen Buch. In dessen Nachwort warnt sie ihren Sohn: »Wenn er unglücklicherweise wieder meinen Namen irgendwo draufschreibt, kriegt er mit dem Gehstock eins auf die Birne, dass ihm alle Zähne rausfliegen.«

360. Johannes Rau war leidenschaftlicher Briefmarkensammler. Spezialgebiet: Israel.

361. Axel Scheffler, der Zeichner der Grüffelo-Bücher, hat auch in den anderen Büchern, die er für die Autorin Julia Donaldson illustrierte, Grüffelos versteckt.

362. Die Filme »Der Pferdeflüsterer« und »Aus der Mitte entspringt ein Fluss« wurden beide am selben Ort gedreht: in der Nähe der Kleinstadt Big Timber im US-Bundesstaat Montana.

363. Das Symbol »Der grüne Punkt«, zwei aufeinander verweisende gebogene Pfeile, ist laut dem Illustrator Lars Oehlschlaeger an das fernöstliche Yin-und-Yang-Symbol angelegt.

364. Das Berliner Bundeskanzleramt, das von 1997 an in Berlin gebaut wurde, ist achtmal so groß wie das Weiße Haus und gilt als größte Regierungszentrale der Welt.

365. 1994 wurde der erste deutsche Fixerraum in Hamburg eingerichtet. Es war ein umgebauter Linienbus.

366. Der Wirkstoff Sildenafil, der 1998 als »Viagra« für den deutschen Markt zugelassen wurde, sollte ursprünglich gegen Herzbeschwerden helfen.

367. Bei einer Volksabstimmung im damaligen Karl-Marx-Stadt im April 1990 votierten mehr als drei Viertel der Wahlberechtigten für die Rückbenennung ihrer Stadt in Chemnitz.

PULP

Die Geldbörse mit der Aufschrift »Bad Mother Fucker«, die im Film Jules (Samuel L. Jackson) gehört, gehört in Wirklichkeit Regisseur Quentin Tarantino.

368–373

Das Bibelzitat, das Jules (Samuel L. Jackson) im Film aufsagt, ist fast komplett ausgedacht.

Der berühmte Tanz, den Vince und Mia beim Wettbewerb im Jack Rabbit Slim's vorführen, ahmt die Tanzschritte nach, die Barbara Steele und Mario Pisu in Federico Fellinis Film »Achteinhalb« aufs Parkett legen.

FICTION

Die Szene, in der Vincent die Spritze in Mias Herz rammt, wurde gefilmt, indem Travolta die Spritze herauszieht und die Aufnahme anschließend rückwärts abgespielt wurde.

Als der spätere Produzent des Films, Harvey Weinstein, das 159-seitige Script auf den Tisch bekam, reagierte er mit einem »Was soll das sein? Das Scheiß-telefonbuch?«

Jedes Mal, wenn Vincent (John Travolta) im Film auf die Toilette geht, hat er ein »Pulp Fiction«-Heft dabei – und jedes Mal passiert währenddessen etwas Schlimmes.

374. Vier Tage vor der Abstimmung über Berlin als mögliche neue Bundeshauptstadt im Juni 1991, ergab eine Umfrage unter allen 662 Bundestagsabgeordneten eine deutliche Mehrheit für die bisherige Hauptstadt Bonn.

375. Während des Oder-Hochwassers im Sommer 1997 wurden mehr als 8 Millionen Sandsäcke mit etwa 177 000 Tonnen Sand und Kies gefüllt.

376. DER LANGJÄHRIGE BUNDESFINANZMINISTER THEO WAIGEL WURDE ZU SEINEM 70. GEBURTSTAG MIT EINER KARIKATUREN-AUSSTELLUNG MIT DEM TITEL »DIE AUGENBRAUE« GEEHRT.

377. Das Bundesverfassungsgericht erklärt 1991 das deutsche Namensrecht für verfassungswidrig, gemäß dem im Streitfall der Nachname des Mannes zum Ehenamen wird. Seitdem dürfen beide Eheleute ihren Namen behalten.

378. Nach dem Fund der später »Ötzi« getauften Mumie im Herbst 1991 stritten das österreichische Bundesland Tirol und die italienische Provinz Südtirol darum, auf wessen Staatsgebiet der Körper lag. Eine Messung ergab: Ötzi befand sich 92,56 Meter von der Grenze entfernt auf italienischem Boden.

379. »Angeber-Wessi mit Bierflasche erschlagen – Ganz Bernau ist glücklich, daß er tot ist« und »Neid: Fleißigem Ossi das Haus angezündet: Zuviel Erfolg« lauteten die Schlagzeilen der Burda-Boulevardzeitung »Super!«. Das Blatt war extra für die neuen Bundesländer entwickelt worden und wurde nach gut einem Jahr eingestellt.

380. Marlene Dietrich wollte der Öffentlichkeit nicht als Greisin in Erinnerung bleiben und versteckte sich bis zu ihrem Tod 1992 mehr als zehn Jahre in ihrer Pariser Wohnung. Für ihren Todesfall trug sie ihrer Tochter auf: »Du kaufst einen großen schwarzen Müllsack und stopfst mich hinein. Wahrscheinlich musst du meine Arme und Beine brechen, damit ich ganz hineinpasse.«

381. Die 17. Olympischen Winterspiele im norwegischen Lillehammer fanden 1994 und damit um zwei Jahre vorgezogen statt. Zuvor wurden Winter- und Sommerspiele im selben Jahr veranstaltet. Der neue Rhythmus sollte höhere Werbeeinnahmen ermöglichen.

382. Nach einer mehrstündigen Geiselnahme in einer Berliner Commerzbank-Filiale 1995 berichteten die 16 Geiseln, sie seien korrekt behandelt worden: Äpfel, Kekse und Multivitamingetränke seien verteilt worden, ein Kidnapper habe einer Geisel zur Beruhigung den Rücken massiert.

383. Mutter Teresa wurde im heutigen Mazedonien geboren und hieß mit bürgerlichem Namen Agnes Gonxha Bojaxhiu.

384.

RYAN GOSLING WÄRE FAST EIN BACKSTREET BOY GEWORDEN.

385.

Nach der Wiedervereinigung gab es über 800 vierstellige Postleitzahlen doppelt.

386. Nach der Ankündigung von Robbie Williams, die Band Take That zu verlassen, waren viele Fans so verzweifelt, dass bundesweit »Not-Telefone« eingerichtet wurden.

387. Während der Entführung des Industriellen Jan Philipp Reemtsma kommunizierten Kidnapper und Polizei mittels Kleinanzeigen in der Hamburger Morgenpost. Mit Botschaften wie »Melde dich«, »Sag mal, warum hast du mir kein Bild geschickt?«, »Das Warten wird unerträglich« signalisierten die Beamten Verhandlungsbereitschaft oder baten um ein Lebenszeichen Reemtsmas.

388. Ursache für den Absturz der Ariane-5-Trägerrakete im Juni 1996 war ein simpler Kalkulationsfehler. Die Ariane 5 war leistungsfähiger als ihre Vorgängerin Ariane 4, wurde aber mit demselben Bordcomputer ausgerüstet. Dieser konnte die höhere Startgeschwindigkeit nicht verarbeiten, interpretierte sie als extreme Schieflage und steuerte gegen. Dadurch begann die Rakete auseinanderzubrechen.

389. Nach dem Ersten Weltkrieg galt in Deutschland ein Sonntagsbackverbot. Erst seit 1996 dürfen Bäckereien sonntags wieder frische Brötchen verkaufen.

390. Der Astronom Alan Hale und der Hobbyastronom Thomas Bopp entdeckten den Kometen Hale-Bopp, der 1997 monatelang am Himmel zu sehen war, unabhängig voneinander.

391. Nach seiner »Was erlaube Strunz?!«-Wutrede 1998 wollte der Bayern-Trainer Giovanni Trapattoni noch einmal umkehren und etwas ergänzen. Der damalige Mediendirektor des FC Bayern brachte Trapattoni mit einer Notlüge davon ab: Es sei niemand mehr im Presseraum. Tatsächlich herrschte dort große Aufregung.

392. Die giftigen Gase, die 1999 beim Feuer im Montblanc-Tunnel entstanden und 39 Menschen töteten, stammten von zwölf Tonnen Mehl und acht Tonnen Margarine, die ein LKW geladen hatte und die Feuer gefangen hatten.

393. Während der totalen Sonnenfinsternis im August 1999 starteten in London und Paris drei Concorde-Überschallflugzeuge, um dem Spektakel mit zweifacher Schallgeschwindigkeit hinterherzufliegen. Die insgesamt dreihundert Passagiere hatten jeweils umgerechnet rund 2400 Euro für den Flug bezahlt; viele beschwerten sich später, sie hätten nicht genug sehen können.

394. Bei der Einwahl ins Internet macht ein Modem Geräusche, weil es die digitalen elektrischen Signale des Computers in analoge akustische Signale umwandelt, um sie über die Telefonleitungen weiterzusenden.

395. Regina Zindler, die durch Stefan Raabs Hit »Maschendrahtzaun« berühmt wurde, musste danach wegen der Hänseleien gegen sie einige Tage in psychiatrische Behandlung. Pro verkaufte CD bekam Zindler zehn Pfennig Erlös.

TAMA GOTCHI

In der Psychologie bezeichnet man die emotionale Bindung an Gegenstände als »Tamagotchi-Effekt«.

Erfunden wurde das Tamagotchi von einer einfachen Angestellten des Spielzeugkonzerns Bandai, die eigentlich lieber Kindergärtnerin werden wollte.

Während das offizielle Spielziel war, das virtuelle Küken möglichst lange am Leben zu erhalten, gab es auch Spieler, die versuchten, das Tamagotchi auf möglichst viele Arten sterben zu lassen.

Neben dem ursprünglichen Tamagotchi gab es in Japan auch noch diverse Abwandlungen, wie das Angelgotchi, Forestgotchi oder das Oceangotchi, die es meist nicht in den deutschen Handel schafften.

Neben Kindern in Japan eine weitere große Zielgruppe für Tamagotchis: ältere Damen.

Tamagotchi setzt sich aus dem japanischen Wort für Ei – »tamago«– und »wotchi«, das vom englischen Begriff »watch« (Uhr) abgeleitet wurde, zusammen.

Eine japanische Weihnachtsedition hieß Santaclautchi – die Spielfigur war ein Weihnachtsmann.

Besonders besessene Tamagotchi-Fans bastelten sich spezielle Automaten, die die Fütterung übernahmen, wenn man selbst keine Zeit hatte.

404. Wegen der radioaktiven Strahlung sollten die Polizeibeamten, die die Castor-Transporte nach Gorleben unmittelbar begleiteten, alle vier Stunden ausgetauscht werden.

405. Die spätere Talkmasterin Arabella Kiesbauer startete ihre Karriere bei ProSieben 1991 als Programmansagerin.

406. In den Nachmittags-Talkshows der 90er wurde unter anderem diskutiert: »Alle Männer sind schwanzgesteuert« (Arabella Kiesbauer), »Traumjob Hausfrau« (Sonja Zietlow), »Verliebt in einen Prominenten« (Hans Meiser), »Dorftrottel? Mach dich vom Acker!« (Andreas Türk) und »Für diese Arbeit bin ich mir zu schade!« (Vera Int-Veen).

407. Bevor Großbritannien 1997 die Kronkolonie Hongkong offiziell an China übergab, wurden in den dortigen britischen Amtsstuben rund 1200 Porträts von Queen Elizabeth II. abgehängt.

408. Bis heute ist verboten, am Wrack der 1994 gesunkenen estnischen Passagierfähre »Estonia« zu tauchen. Deutschland hat als einziger Ostseeanrainer das entsprechende Abkommen nicht unterschrieben. In Schweden, Estland und Finnland werden Menschen, die sich der Unglücksstelle auch nur nähern, strafrechtlich verfolgt.

409. Der ehemalige französische Staatspräsident Jacques Chirac mag Sumo-Ringen und isst gerne Sushi.

410. Forscher der Darmstädter Gesellschaft für Schwerionenforschung erzeugten 1994 für einen Bruchteil von Sekunden das Element »Darmstadtium«. Es gehört zur Gruppe der platinähnlichen Übergangsmetalle, trägt die Ordnungszahl 110 und kommt in der Natur nicht vor.

411. Die Kommission für Jugendmedienschutz (KJM) urteilte über die Sendung »X-Faktor: Das Unfassbare« auf RTL 2, sie könne »auf Heranwachsende belastend wirken« und sei »geeignet, Kinder unter zwölf Jahren in ihrer Entwicklung zu beeinträchtigen«. Die KJM äußerte diese Erkenntnis rund vierzehn Jahre später, nachdem die Sendung Ende der Neunziger im Nachmittagsprogramm ausgestrahlt worden war.

412. Norbert Blüms berühmter Satz zur Rente heißt vollständig: »Die Rente ist sicher. Allerdings: Wenn Sie die Hände in den Schoß legen und nichts machen, dann ist sie unsicher.«

413. Die Talkshowmoderatorin Ilona Christen kündigte 1999 ihren Vertrag mit der Begründung, dass das allgemeine Niveau der Talkshows rapide abnehme.

414. Einer der Hooligans, die den Polizisten Daniel Nivel bei der Fußball-WM 1998 fast zu Tode prügelten, wurde später Vizepräsident der Hells Angels in Potsdam.

415. Der spätere Formel-1-Profi Mika Häkkinen besuchte als Kind eine Zirkusschule.

416.

Das Nokia 8110, das 1996 auf den Markt kam, wurde wegen seiner gebogenen Form Banane genannt. Im Film »Matrix« leistete es dem Protagonisten Neo wichtige Dienste bei der Flucht aus seinem Büro.

417. Der Schauspieler Manfred Krug, der in einem TV-Spot für Telekom-Aktien geworben hatte, entschuldigte sich später bei allen Käufern für die erlittenen Verluste.

418. Für die Rechtschreibreform von 1996 gab es ursprünglich Vorschläge, dass man »Kaiser« künftig »Keiser« schreiben soll und »Bot« statt »Boot«.

419. Den »Elch-Test«, bei dem 1997 ein Kleinwagen von Mercedes durchfiel, weil er beim Ausweichen umkippte, gibt es so gar nicht. Den Namen hat sich der schwedische Journalist, der den Test durchgeführt hatte, im Nachhinein ausgedacht.

420. Kurz bevor die Briten ihre Kolonie Hongkong wieder an China übergaben, konnte man dort ein Souvenir kaufen: Die letzte Luft der noch freien Stadt, verpackt in Dosen.

421. Während der Ermittlungen gegen den belgischen Mörder und Sexualstraftäter Marc Dutroux kamen insgesamt 27 Zeugen unter teils mysteriösen Umständen ums Leben.

422. Timothy McVeigh, bei dessen Bombenattentat auf ein Bürogebäude in Oklahoma City 168 Menschen starben, bestellte als Henkersmahlzeit einen Liter Pfefferminzschokoladeneis.

423. Die Raumfähre »Discovery« startete 1995 mehrere Wochen verspätet ins All, weil Spechte Bruthöhlen in die Treibstofftanks gepickt hatten.

424. Die Elektro-Band Daft Punk benannte sich nach einer schlechten Kritik in einer Musikzeitschrift. Dort hatte ein Journalist einen Song ihrer alten Band Darlin' als »daft punky trash« bezeichnet.

425. Die Astronauten auf der russischen Raumstation »Mir« hatten einen Bonsai an Bord, weil Psychologen glaubten, der Baum stabilisiere das Seelenleben der Crew.

426. ***Das Yes-Törtchen wurde 2003 vom Markt genommen, mit der Begründung, dass die Verkäufe rapide gesunken seien, seit Aldi das Produkt aus dem Sortiment genommen hatte.***

427. Roman Herzog, der als einziger Bundespräsident von 1994 bis 1999 im Schloss Bellevue wohnte, bezeichnete den Amtssitz als »Bruchbude«, in der dauernd Licht und Strom ausfielen.

428.

Bevor er seinen großen Durchbruch hatte, legte der Elektromusiker Moby als DJ in Swingerclubs auf und arbeitete als Assistent einer Domina.

429. Der Tabakkonzern Philip Morris wurde im März 1999 von einem US-Gericht zu einer Schadensersatzleistung in Höhe von 81 Millionen US-Dollar an die Hinterbliebenen eines Rauchers verurteilt. Drei Jahre vorher hatte die Entschädigung in einem ähnlichen Fall noch rund ein Hundertstel der Summe betragen.

430. Am 6. November 1999 baute der US-Architekt Bryan Berg am Potsdamer Platz in Berlin aus 91 800 handelsüblichen Spielkarten ein 7,71 Meter hohes Kartenhaus mit 131 Stockwerken – Weltrekord. Das Gesamtgewicht betrug 110 Kilo, Klebstoff kam keiner zum Einsatz.

431. Von den 2,5 Millionen Dollar Entschädigung, die die Hinterbliebenen des Columbine-Amoklaufs erhielten, übernahm einen Großteil die Hausrat- und Haftpflichtversicherung der Eltern der beiden Täter.

432. Es gibt bis heute Internetforen für Mädchen, die in die Columbine-Amokläufer Eric Harris und Dylan Klebold verliebt sind. Dort werden Zeichnungen von den beiden und Liebesschwüre getauscht – und wird häufig die Theorie vertreten, dass das Massaker hätte verhindert werden können, hätten »die beiden nur jemanden gehabt, der sie liebt«.

433. Die Begriffe Publikumsjoker, Telefonjoker und Fifty-fifty-Joker aus der Quizsendung »Wer wird Millionär?« wurden in den Duden aufgenommen.

434. Adelheid Streidel, die geistig verwirrte Attentäterin, die 1990 mit einem Messer den damaligen SPD-Kanzlerkandidaten Oskar Lafontaine lebensgefährlich verletzte, war überzeugt, Menschen würden in »unterirdischen Tötungsfabriken« umgebracht und »zu Wurst verarbeitet«. Sie hatte aus dem gleichen Grund vorher schon einmal Anzeige gegen Helmut Kohl erstattet.

435. Die Ehefrau von Johannes Rau (Bundespräsident von 1999 bis 2004) ist die Enkelin des früheren Bundespräsidenten Gustav Heinemann.

436. Der Mann, der mit »Melissa« einen der ersten Computerviren des Internetzeitalters programmiert hatte, wurde dafür zu 20 Monaten Haft und einer Geldstrafe von 5000 Dollar verurteilt.

437. Als der spätere Formel-1-Weltmeister Mika Häkkinen im Alter von fünf Jahren seine allererste Runde in einem Gokart drehte, hatte er direkt einen Unfall – überredete seine Eltern aber, ihn trotzdem weiterhin fahren zu lassen.

438. Der Musiker Moby ist ein Nachfahre von Herman Melville, dem Autor von »Moby Dick« – das ist auch der Grund für seinen Künstlernamen. In Wirklichkeit heißt er Richard Melville Hall und hat das Buch nach eigenen Angaben aber nie ganz gelesen.

439. Das B. im Namen von Johannes B. Kerner steht für Baptist.

TRAIN
SPOTTING

2017 wurde in Edinburgh tatsächlich ein Heroindealer verurteilt, der Mark Renton heißt – wie der von Ewan McGregor gespielte Protagonist des Films.

Um sich auf die Dreharbeiten für »Trainspotting« vorzubereiten, ließ sich Ewan McGregor von Ex-Junkies zeigen, wie man Heroin auf einem Löffel aufkocht – verwendet wurde allerdings Glukose.

Die Exkremente in der legendär-schmuddeligen Toilettenszene waren aus Schokolade.

Für den US-Markt sprachen die Schauspieler die ersten 20 Dialogminuten mit weniger starkem schottischen Akzent neu ein, damit sich die amerikanischen Zuschauer daran gewöhnen konnten.

Oasis sollte Musik zum »Trainspotting«-Soundtrack beisteuern, aber Noel Gallagher lehnte ab, da er dachte, der Film handele von Menschen, die Züge beobachten.

Die Fußballmannschaft, die am Anfang des Films zu sehen ist, der Calton Athletic, ist eine Drogentherapiegruppe, die auch als Berater für den Film fungierten.

Irvine Welsh, Autor der Buchvorlage, hat einen Gastauftritt als Heroindealer.

447. Der 1996 eingeführte Palm Pilot war der Vorgänger der heutigen Smartphones. Um herauszufinden, welche Größe und Anwendungszwecke ein solches Gerät haben sollte, trug Jeff Hawkins, einer der Entwickler, über Monate einen kleinen Holzklotz in seiner Hemdtasche herum, auf dem er Dinge »notierte«, Termine »eintrug« und diese mit seinem Computer »synchronisierte«.

448. **Der Tigerentenclub, eine Kindersendung vom SWR, wird seit 1998 in einer ehemaligen Sporthalle der US-Army in Göppingen aufgezeichnet.**

449. Als Evosonic, Deutschlands erster Radiosender für elektronische Musik, 1997 auf Sendung ging, mussten die Hörer noch Faxe schicken, wenn sie mit der Redaktion kommunizieren wollten. Etwa 20 gingen pro Tag beim Sender ein.

450. Der Comedian Bernhard Hoëcker, unter anderem bekannt durch den Running Gag aus der Satiresendung »switch«: »Hoëcker, Sie sind raus!« , hat sich die Pünktchen auf dem e (Trema) in seinem Namen selbst verpasst – um klarzumachen, dass man O und E getrennt spricht und er nicht »Höcker« heißt.

451. Mangels größerer Speichermedien lief die erste Version von Google auf zehn zusammengeschraubten Festplatten, für die Larry Page und Sergey Brin ein Gehäuse aus Duplosteinen gebaut hatten. Die Steine hatten die Farben des heutigen Google-Logos.

452. Das i in iMac steht für Internet.

453. Die BBC stellte 1999 ihren 1938 eingeführten deutschsprachigen Dienst ein. Der Grund: Die Deutschen sprechen mittlerweile zu gut Englisch und immer mehr Menschen hören die Sendungen lieber im Original.

454. In dem Video, mit dem sich die Schauspielerin Katie Holmes für ihre Rolle in der Serie »Dawson's Creek« bewarb, übernahm ihre Mutter die Rolle von Titelheld Dawson.

455. Weil der Sender sich weigerte, den Pilotfilm von »Dawson's Creek« auszustrahlen, solange die Frage »Wie oft masturbierst du?« darin vorkam, wurde diese geändert in »Wie oft gehst du mit deinem Hund spazieren?«.

456. Napster-Gründer Shawn Fanning programmierte die Musiktauschbörse auf einem geliehenen PC in der Garage seines Onkels, wo er nach langen Sessions oft in einem zur Schlafstatt umfunktionierten Wandschrank übernachtete.

457. Helmut Kohl hieß mit vollem Namen Helmut Josef Michael Kohl.

458.

Google-Gründer Larry Page kam die Idee zu seiner Suchmaschine im Schlaf. Als 23-jähriger Informatikstudent träumte er, er könne das komplette Internet herunterladen und auf Links zusammenschrumpfen. Zwei Jahre später startete er den Prototypen.

459. Das MP3-Format konnte sich unter anderem deshalb durchsetzen, weil der Durchschnittshörer den Qualitätsunterschied der stark komprimierten Datei zu einer regulären CD nicht wahrnahm.

460. Als sich 1990 in Folge 224 der Fernsehserie »Lindenstraße« die Schauspieler Martin Armknecht und Georg Uecker küssten, gab es Bombendrohungen gegen die Produktion und Morddrohungen gegen die Produzenten, Autoren und Schauspieler. Georg Uecker, der Carsten Flöter spielte, erhielt Personenschutz. Der Kuss dauerte 2,72 Sekunden.

461. Eigentlich sah das Drehbuch von »The Sopranos« vor, dass Tony seine Mutter Livia am Ende der ersten Staffel mit einem Kissen erstickt. Die damals krebskranke Schauspielerin Nancy Marchand bat Sopranos-Erfinder David Chase jedoch darum, bis zu ihrem Tod weiterspielen zu dürfen. So blieb Livia Soprano der Serie bis zur Ausstrahlung der Folge »Funhouse« im April 2000 erhalten.

462. In der Mafiaserie »The Sopranos« tauchen 27 Darsteller auf, die auch in dem Mafiakultfilm »Goodfellas« mitspielen.

463. Der Ex-Rapper Bürger Lars Dietrich (»Hier kommt die Maus«), der heute vor allem Kindersendungen moderiert, ist ausgebildeter Balletttänzer und arbeitete vor seiner Musikkarriere als Stuntman.

464. Die erste Kandidatin, die bei »Wer wird Millionär?« antrat, war eine Arzthelferin aus Aachen. Ihre Startfrage: »Besser den Spatz in der Hand als die Taube auf dem…? A: Sofa, B: Klo, C: Grill, D: Dach.« Sie gewann 8000 Mark. 2008 verstarb sie.

465. Der ehemalige russische Staatspräsident Boris Jelzin hat als Kind zwei Finger der linken Hand beim Spielen mit einer Granate verloren.

466. Die Diddl-Zeitschrift »Diddls Käseblatt« gibt es noch immer zu kaufen. Sie erscheint alle zwei Monate, kostet 3,99 Euro und wird zu etwa 90 Prozent von Mädchen gelesen.

467. Die Schauspielerin, welche die adelige Unruhestifterin Tanja von Lahnstein in der ARD-Serie »Verbotene Liebe« spielte, heißt Miriam Lahnstein.

468. Der Physikprofessor Harald Lesch, Moderator der Sendung »Alpha Centauri« des Wissenschaftskanals BR-alpha (ab 2014 ARD-alpha), wurde entdeckt, weil er 1998 während einer Sendung im Bayerischen Fernsehen vor laufender Kamera auf eine Frage antwortete: »Das weiß ich nicht.«

FORREST GUMP

469.

Tom Hanks bekam keine Gage für seine Hauptrolle in »Forrest Gump«, sondern eine Gewinnbeteiligung. Diese brachte ihm bis heute Schätzungen zufolge über 60 Millionen Dollar ein.

470.

Die Tischtennisszenen wurden ohne Ball gefilmt, er ist eine Computeranimation.

471.

Alle 32 Lieder des »Forrest Gump«-Soundtracks stammen, auf ausdrücklichen Wunsch des Regisseurs, von US-amerikanischen Künstlern.

472.

Der Junge, der Forrest Gump im Bus nicht neben sich sitzen lässt, wird vom Sohn des Regisseurs Robert Zemeckis gespielt.

473.

In vielen der Szenen, in denen Forrest rennt, sprang Tom Hanks' jüngerer Bruder Jim Hanks für den Schauspieler ein.

474.

Das fiktive Shrimps-Restaurant Bubba Gump, das Forrest Gump im Film als Andenken an seinen Freund Bubba gründet, wurde 1996 zu einer real existierenden Kette mit 43 Filialen in den USA, Japan, Mexiko und zahlreichen anderen Ländern.

475. Als 1994 die »Space Night« das nächtliche Testbild des Bayerischen Rundfunks ersetzte, lief zu den Weltallaufnahmen noch Musik von Beethoven, Phil Collins oder Queen. Der DJ Alex Azary vom Frankfurter Plattenlabel Elektrolux fand, das sei der falsche Sound. Er rief in München an und überzeugte die Space-Night-Macher, dass Ambient- und Chill-Out-Klänge besser passten.

476. Die Serie »Pokémon« wurde zunächst als Spiel für den Gameboy entwickelt. Fernsehserie, Sammelkarten und sonstiges Merchandising folgten später.

477. Während ihres Engagements als Moderatorin von »Die Traumhochzeit« ließ sich Linda de Mol scheiden.

478. Maria Gresz, Moderatorin des Fernsehmagazins »SPIEGEL TV«, kam als Praktikantin zur Sendung, übernahm bald darauf die Moderation und moderiert dort noch heute.

479. Als Anna Nicole Smith 1993 für H&M-Unterwäsche warb, waren die Plakate sehr begehrt und wurden oft geklaut. Auch der Moderator Johannes B. Kerner stahl eines der Plakate, transportierte es im Bus, wurde erwischt und kam für eine Nacht ins Gefängnis.

480. Im Werbespot für »die Bier, die so schön hat geprickelt in mein Bauchnabel«, bekommt der liebe »'arald« die Nachricht von seiner Geliebten als Fax.

481. Der Vater des Schnöseljungen Waldo im Film »Die kleinen Superstrolche« wird gespielt von Donald Trump.

482. Franklin, Moderator der »100.000 Mark Show«, heißt bürgerlich Frank Schmidt und begann seine Karriere als Zauberer. Als Achtzehnjähriger gewann er als bislang jüngster Künstler den Grand Prix of Magic.

483. Vor der zweiten Staffel der RTL-Sendung »Die Traumhochzeit« mit Linda de Mol bewarben sich etwa 8000 Frauen und Männer um eine Teilnahme. Das sind etwa drei Prozent aller Paare, die zu dem Zeitpunkt jährlich in Deutschland heirateten.

484. 1991 war das Jahr, in dem erstmals mehr CDs als Kassetten verkauft wurden.

485. Gogos, die kleinen bunten Plastikspielfiguren, erlebten 2009 ein Comeback auf deutschen Grundschulhöfen.

486. Als der britische Designer Chris Wiggs für seine Tochter die Miniaturpuppe »Polly Pocket« erfand, verwendete er eine Puderdose als Puppenhäuschen.

487. Als Sänger hatte Oli P. zunächst keinen großen Erfolg. Das änderte sich, nachdem er in der Rolle des Ricky Marquart bei »Gute Zeiten, schlechte Zeiten« zum Mädchenschwarm geworden war.

488.

DIE BAND LINKIN PARK WOLLTE SICH URSPRÜNGLICH LINCOLN PARK NENNEN, NACHDEM DIE DOMAIN LINCOLNPARK.COM ABER SCHON VERGEBEN WAR, ENTSCHIEDEN SIE SICH FÜR DIE SCHREIBWEISE »LINKIN«.

489. Die Darstellerin von Iris Kleintann in der Fernsehserie »Schloss Einstein« heißt Paula Birnbaum.

490. Heute betreibt der frühere Sänger und Schauspieler Oli P. mit seiner Frau in Köln ein Delikatessengeschäft für Hunde.

491. Das rote Bum-Bum-Eis mit Kaugummistiel soll an einen Tennisschläger erinnern. Seinen Namen verdankt es dem Spitznamen von »Bum-Bum-Boris« Becker.

492. Das Windows-Kartenspiel »Solitaire« wurde entwickelt, um den Menschen die Ehrfurcht vor Computern zu nehmen und sie spielerisch im Umgang mit der Maus zu schulen.

493. Microsoft-Gründer Bill Gates war so verrückt nach dem Windows-Spiel »Minesweeper«, dass er es aus Selbstschutz von seinem Computer deinstallierte. Um dennoch zu spielen, ging er an den PC eines Kollegen.

494. Das Computerspiel »Moorhuhnjagd« wurde als Werbung für einen schottischen Whisky-Hersteller entwickelt. Um das Spiel bekannt zu machen, zogen Hostessen mit Laptops durch Szenekneipen und boten Whiskyproben als Gewinn für eine erfolgreiche Moorhuhnjagd.

495. »How much is the fish?«, fragte die Technogruppe Scooter 1998. Knapp 20 Jahre später gab Frontmann H.P. Baxxter die Antwort: 3,80.

496. Insgesamt 19 Wahlen fanden 1994 in Deutschland statt, darunter die Bundestags- und Europawahl sowie mehrere Landtags- und Kommunalwahlen. Auch das »Superwahljahr« selbst wurde gewählt: zum Wort des Jahres 1994.

497. Im Videoclip zum Song »Runaway Train« der Band Soul Asylum sind Fotos und kurze Infos zu vermissten Kindern und Teenagern aus den USA zu sehen. Klärte sich das Schicksal eines der Kinder, aktualisierte die Band das Video. Zudem gab es Versionen unter anderem für Kanada und Großbritannien.

498. Zu den Kunden des Bonner Optikers Dancker gehörten Konrad Adenauer, Walter Scheel, Richard von Weizsäcker, Helmut Kohl und der Dalai Lama, der seine Dancker-Brille noch heute trägt.

499. Auf der Suche nach einem Namen für die Internationale Raumstation schlugen die USA »Alpha« vor, was nach Anfang klang. Das lehnte Russland ab, da die russische »Saljut 1« die erste Station im All war. Japan schlug »Camelia« vor, doch Deutschland lehnte ab und verwies auf die gleichnamige Damenbinde. So blieb es bei ISS.

500. Am 1. Dezember 1996 um 14 Uhr ging der Homeshoppingkanal QVC auf Sendung: Verkauft wurde der »Space-Saver«, ein vakuumbasiertes fünfteiliges Set zur Aufbewahrung von Kleidung für 119 Mark. Bis heute hat QVC ein ähnliches Produkt im Angebot.

501.

Es gibt Ecstacy-Pillen, die dem Gesicht von Donald Trump nachempfunden sind.

502. Peter Steiner, der mit seinem »Theaterstadl« auf RTL bekannt wurde, wirkte in den 1970er-Jahren in sogenannten Lederhosenfilmen mit: Sexfilmchen mit Alpenflair.

503. Während der Dreharbeiten zu »Schindlers Liste« überwachte Regisseur Steven Spielberg von Polen aus via Satellitenverbindung die Postproduktion zu seinem kurz zuvor gedrehten Film »Jurassic Park« in den USA.

504. In der Schöneberger Bar Ex'n'Pop fand 1994 der erste deutsche Poetry Slam statt. Ein Großteil der Texte allerdings wurde von Amerikanern und auf Englisch vorgetragen.

505. Das Haus der Familie Hillard aus »Mrs. Doubtfire« hat im Film seine tatsächliche Adresse: 2640 Steiner Street in San Francisco. Nach dem Tod von Robin Williams wurde es zu einem Pilgerort für Fans.

506. Der Schauspieler Eugene Greytak war ein Doppelgänger von Papst Johannes Paul II. Als gläubiger Katholik holte Greytak sich die Genehmigung seiner Kirche, bevor er in Filmen wie »Sister Act«, »Die nackte Kanone 33 1/3« und »Hot Shots – die Mutter aller Filme« den Papst spielte.

507. Der Film »The Green Mile« ist in den USA ab 17 Jahren, in Großbritannien ab 18 Jahren und in Deutschland ab 12 Jahren freigegeben.

508. Für den Sieg bei der Fußball-WM 1990 erhielten die Spieler jeweils 125 000 Mark. 1954 in Bern hatte es pro Spieler 2500 Mark, einen Fernseher, einen Lederkoffer und einen Motorroller gegeben.

509. IN CHINA FAND 1991 DIE ERSTE FUSSBALL-WM DER FRAUEN STATT. BEI DEM TURNIER WURDEN ERSTMALS AUF FIFA-EBENE SCHIEDSRICHTERINNEN EINGESETZT. DAS FINALE PFIFF JEDOCH EIN MANN.

510. Michael Schumacher startete seine Karriere als zwölfjähriger Kartfahrer mit luxemburgischer Lizenz. In Deutschland musste man für die Lizenz mindestens 14 Jahre alt sein.

511. Für die Kinder-Überraschungseier produzierte Ferrero 1994 die Serie der Jahreszeitenzwerge. Einige Exemplare des Herbst-Zwergs »Ferdi Fallobst« hatten eine dunklere Hautfarbe, wie sie nur für die Sommer-Zwerge vorgesehen war. Der gebräunte Ferdi Fallobst wird heute für über 2000 Euro gehandelt.

512. Als Hans Dietrich Genscher (FDP) am 18.5.1992 als Außenminister zurücktrat, war er, abgesehen von einer kurzen Unterbrechung im Herbst 1982, ganze 23 Jahre lang Bundesminister gewesen.

513-518

Kurt Cobain jobbte kurzzeitig als Hausmeister an der Highschool, die er selber vorzeitig verlassen hatte. Der fegende Hausmeister im »Smells Like Teen Spirit«-Video ist eine Anspielung darauf.

Die Studioaufnahmen zu Nirvanas erstem Album »Bleach« kosteten 606,17 US-Dollar. Bezahlt wurde die Rechnung vom zeitweiligen zweiten Gitarristen Jason Everman, der aber erst zur Band kam, als die Aufnahmen schon abgeschlossen waren.

Die Band wurde bei ihrer eigenen Party anlässlich der Veröffentlichung des Erfolgsalbums »Nevermind« rausgeworfen, weil sie mit Essen um sich geworfen hatten.

Laut Kurt Cobains Witwe Courtney Love hatte Quentin Tarantino Cobain ursprünglich die Rolle des Heroindealers Lance in »Pulp Fiction« angeboten, die später von Eric Stoltz gespielt wurde.

Das »Rolling Stone«-Magazin bewertete »Nevermind« beim Erscheinen nur mit 3 von 5 möglichen Sternen. Erst später kürte es die Redaktion zum »besten Album der Neunziger« und hob es auf Platz 17 der besten Alben aller Zeiten.

Bevor die Band Nirvana hieß, hatte sie zahlreiche andere Namen, unter anderem Pen Cap Chew, Bliss, Ted Ed Fred and Skid Row.

NIRVANA

519. Im Kostüm von Günter Kastenfrosch aus dem Tigerentenclub steckt eine Frau.

520. Bei der Bundestagswahl 1990 wurden die alten Bundesländer und die neuen Bundesländer getrennt ausgezählt. Die Parteien mussten lediglich in einem der beiden Wahlgebiete die Fünf-Prozent-Hürde überwinden, um in den Bundestag einzuziehen. So gelangte die PDS mit bundesweit 2,4 Prozent der Stimmen in den Bundestag.

521. Auch die Grünen überwanden die Fünf-Prozent-Hürde 1990 nur im Wahlgebiet Ost. Da sich west- und ostdeutsche Grüne erst am Tag nach der Bundestagswahl zusammenschlossen, verfügte die Partei nur über die ostdeutschen Mandate; die westdeutschen Stimmen verfielen.

522. Am 30. April 1991 um 14.51 Uhr rollte der letzte Trabant aus dem Sachsenringwerk in Zwickau – in Schweinchenrosa. Er kam direkt ins Museum.

523. Nachdem der Boxer Henry Maske den Song »Conquest of Paradise« als Einmarschmusik gewählt hatte, gelangte das Lied drei Jahre nach seiner Veröffentlichung auf Platz eins der deutschen Charts.

524. 1991 stellte die Firma Junghans die erste Funkarmbanduhr her.

525. DDR-Staatsoberhaupt Erich Honecker und der nordkoreanische Staatsgründer Kim Il Sung wurden beide 1912 geboren und starben beide 1994.

526. Im Skandal um den Betrüger Jürgen Schneider bezeichnete der Deutsche-Bank-Chef Hilmar Kopper unbezahlte Handwerkerrechnungen in Höhe von mehreren Millionen Mark 1994 als »Peanuts«. Der Ausdruck wurde zum »Unwort des Jahres« gewählt.

527. Das Baby in der Fernsehserie »Die Dinos« heißt mit vollem Namen »Ah, ah, ich sterbe du Idiot Sinclair«, weil der Stammesälteste bei der Namensgebung einen Herzinfarkt bekam.

528. Das Bundeskanzleramt wurde nach einem Entwurf der Berliner Architekten Axel Schultes und Charlotte Frank von 1997 bis 2001 errichtet. Wegen seines Aussehens erhielt es den Spitznamen »Waschmaschine«.

529. Im Jahr 2000 wurde das Magazin »Yps« eingestellt. Das beliebteste Gimmick – die Urzeitkrebse – lagen dem Heft bis dahin 21-mal bei. 2012 wurde das Heft dann noch einmal aufgelegt – wieder mit Urzeitkrebsen.

530. Mitte der Neunziger galten JAZ-Laufwerke kurzzeitig als heißer Scheiß. Die Discs speicherten maximal 2 Gigabyte, konnten sich langfristig jedoch nicht durchsetzen.

531.

Obwohl die Show »Wer wird Millionär?« seit den Neunzigern ausgestrahlt wird, ist das Interesse an Karten für die Aufzeichnung immer noch so groß, dass die Wartezeit etwa vier Jahre beträgt.

532.

Die Sony PlayStation war ursprünglich als CD-ROM-Laufwerk für den Konkurrenten Nintendo geplant.

533. Die Glaskuppel auf dem neuen Bundestag, der 1999 eröffnet wurde, hätte auch ein Zylinder werden können. Die Abgeordneten entschieden sich nur mit einer Stimme Mehrheit für die Kuppel.

534. Claire Marienfeld, die erste weibliche Wehrbeauftragte des Bundestages, nannte Kriegsdienstverweigerer 1995 eine »Generation von Egoisten«.

535. Der damalige SPD-Kanzlerkandidat Gerhard Schröder absolvierte 1998 einen Gastauftritt in der Fernsehsoap »Gute Zeiten, schlechte Zeiten«: Er saß im Restaurant Fasan und verlangte die Rechnung.

536. 1993 wurde der erste Kühlschrank erfunden, der ohne Fluorchlorkohlenwasserstoff (FCKW) funktioniert, das die Ozonschicht zerstört.

537. Während der ehemalige US-Präsident Bill Clinton noch behauptete, mal an einem Joint gezogen, aber nicht inhaliert zu haben, gab der spätere Präsident Barack Obama ganz offen zu, selbstverständlich inhaliert zu haben: »Das war ja gerade der Punkt«.

538. 1994 scheiterte die Wiederwahl Helmut Kohls als Bundeskanzler fast an einem CDU-Abgeordneten, der verschlafen hatte und verspätet zur Abstimmung kam. Kohl gewann mit nur einer Stimme Mehrheit.

539. Die Band Ace of Base (»All That She Wants«) hieß ursprünglich Tech Noir – nach dem Nachtclub in »Terminator«.

540. Der Call-TV-Sender 9Live entstand aus dem 1995 gegründeten Sender tm3, der rein auf Frauen als Zielgruppe ausgelegt war.

541. Der ehemalige polnische Staatspräsident Lech Wałęsa nahm nach seiner Abwahl seine Arbeit als Elektriker auf der Danziger Werft wieder auf, bei der er früher gearbeitet hatte. Er ließ sich aber gleich wieder beurlauben, um in den USA bezahlte Vorträge zu halten.

542. Hermann Kemper, der die Schwebebahntechnik hinter dem Transrapid als Patent anmeldete, glaubte, der Zug könnte eine Geschwindigkeit von 2000 Kilometern pro Stunde erreichen.

543. Silvio Berlusconi finanzierte sich sein Studium als Conférencier und Pianist bei Schiffskreuzfahrten und mit Auftritten als Sänger.

544. Der Talkshowmoderator Ricky Harris arbeitete später als Betreuer an der Offenen Ganztagsschule am Gymnasium Buchloe im Ostallgäu.

545. Als Mike Tyson nach sechs Jahren Pause, von denen er drei im Gefängnis verbrachte, wieder einen Titelkampf austrug, erhielt er fünfmal so viel Gage wie sein Gegner – der amtierende Weltmeister Frank Bruno. Tyson gewann den Kampf.

Lara Croft hieß ursprünglich Laura Cruz.

Die ursprüngliche Version der Spielfigur Lara Croft hatte die Körpermaße 86-61-89.

Lara-Croft-Erfinder Toby Gard hat nie Gewinn mit den Tomb-Raider-Spielen gemacht. Er verließ die Entwicklungsfirma, weil er dagegen war, die Figur so sexualisiert darzustellen.

546-549

Eigentlich hatte Lara-Croft-Erfinder Toby Gard einen peitschenschwingenden Mann mit Schnurrbart als Helden geplant. Aus Sorge, in Urheberrechtsstreitigkeiten mit den »Indiana Jones«-Machern verwickelt zu werden, entschied er sich für eine Heldin.

LARA CROFT

550. Regisseur Oliver Stone wurde 1995 verklagt, weil zwei Teenager in den USA die Handlung von seinem Film »Natural Born Killers« nachgespielt und Menschen getötet haben.

551. Fast 360 Jahre nach seiner Verurteilung wird Galileo Galilei 1992 offiziell von der katholischen Kirche rehabilitiert.

552. Nach dem Ende der Sowjetunion war Michail Gorbatschow in Russland so unbeliebt, dass bei den Präsidentschaftswahlen 1996 nur 0,5 Prozent der Wähler für ihn stimmten.

553. Für den Umzug der Bundesregierung von Bonn nach Berlin wurden 24 Züge benötigt. Sie transportierten etwa 36 000 Bücher sowie 11 000 Meter Akten.

554. **Die »Bravo Hits 26« aus dem Jahr 1999 war die erfolgreichste Ausgabe der Reihe. Darauf enthalten: »The Rigga-Ding-Dong-Song«, »Blue (Da Ba Dee)«, »Mambo No. 5« und »Ö La Palöma«.**

555. Karlheinz Schreiber, Waffenlobbyist und Schlüsselfigur in der Spendenaffäre der CDU, erfand im kanadischen Exil eine Maschine, die Nudeln in 70 Sekunden al dente gart.

556. 2,5 Millionen Mal verkaufte sich »Verdammt, ich lieb Dich«, der größte Hit des Schlagersängers Matthias Reim. Dennoch musste er 16 Jahre später Privatinsolvenz anmelden. Für den Autovermieter Sixt parodierte er dann den Song in einem Spot mit dem Titel: »Verdammt, ich hab nichts, ich miet bei Sixt.«

557. Der Golfkrieg von 1991 zwischen den USA und Irak brachte die amerikanische Halloween-Tradition nach Deutschland. Wegen des Krieges war der Karneval weitgehend ausgefallen und Kostümhersteller waren auf ihren Kosten sitzen geblieben. Sie suchten einen neuen Anlass und machten deshalb Halloween, das im Oktober stattfindet, bekannt.

558. Das kommunistische Regime in Nordkorea führte 1997 eine eigene Zeitrechnung ein. Der nordkoreanische Kalender beginnt 1912, mit dem Geburtsjahr des früheren Staatschefs Kim Il Sung, dem Großvater von Kim Jong Un.

559. Als die Öffnungszeiten der Münchner Biergärten verkürzt werden sollten, gingen 1995 Tausende Bürger auf die Straße. Erfolgreich. Das Ereignis wurde als Biergartenrevolution bekannt.

560. Maria Jepsen wurde 1992 zur ersten Bischöfin der Welt gewählt.

561. Helmut Kohl hatte einen Schäferhund namens Igo, der angeblich auf den Ruf: »Igo, da is ’n Soz«, anfing zu bellen.

562.

Bis 1993 durften Frauen im US-Senat keine Hosen tragen.

563.

Die Spitznamen Sporty Spice, Posh Spice, Ginger Spice, Baby Spice und Scary Spice wurden weder von der Band noch von ihrem Management erfunden, sondern stammen aus einem Artikel der Teeniezeitschrift »Top of the Pops«, der mit einem Gewürzregal illustriert war.

564.

Emma Bunton, alias Baby Spice, hat Angst vor großen Gegenständen. Sie kann zum Beispiel kein Flugzeug aus der Nähe betrachten.

565.

Im Wahlkampf zu den britischen Parlamentswahlen 1997 konnte Tony Blair drei Spice Girls benennen, sein Konkurrent John Major nur zwei. Blair gewann die Wahl deutlich.

566.

Die Band musste einen Kredit aufnehmen, um sich von ihren ersten Managern Bob und Chris Herbert loszukaufen – Vater und Sohn, die zuvor die Boyband Bros kreiert hatten.

SPORTY SPICE **GINGER SPICE** **BABY SPICE** **POSH SPICE** **SCARY SPICE**

SPICE GIRLS

567.

Auf dem Höhepunkt ihrer Karriere brachte eine britische Fernsehsendung die Kritzeleien, die die Band während einer Pressekonferenz angefertigt hatte, in ihren Besitz und ließ sie von einem Psychologen analysieren.

568.

Als Kind bettelte Victoria Adams (»Posh Spice«) ihren Vater an, sie nicht im Rolls-Royce zur Schule zu bringen, weil die anderen Kinder sie deswegen aufzogen.

569. Formal wurde die Todesstrafe erst am 8. Februar 1998 durch eine Volksabstimmung aus der Bayerischen Verfassung getilgt – faktisch abgeschafft war sie allerdings auch in Bayern schon seit der Einführung des bundesdeutschen Grundgesetzes.

570. Um die populären Zaubertrolle für Jungs interessanter zu machen, kamen in den frühen Neunzigern unter anderem »Teenage Mutant Ninja Turtle Trolls« auf den Markt, dickbackige Ninja Turtles mit knallbunten Haarschöpfen.

571. Um das Fahrradleihsystem Call a bike zu gründen, lieh sich der Informatiker Christian Hogl 1997 rund 100 000 Mark von seinen Verwandten. Erst später stiegen Mitgründer und die Deutsche Bahn ein.

572. 1994 eroberte der Boxer George Foreman seinen Weltmeistertitel zurück, den er 20 Jahre zuvor verloren hatte. Er wurde so mit 45 Jahren zum ältesten Weltmeister in der Boxgeschichte.

573. 1998 erlaubten Bundestag und Bundesrat die »akustische Wohnraumüberwachung«, also das Abhören von Privatwohnungen zu Zwecken der Strafverfolgung. Der populäre Begriff »Lauschangriff«, der sich dafür durchsetzte, stammt ursprünglich aus einer deutschen Donald-Duck-Übersetzung von Erika Fuchs.

574. Die erste Station der anfangs umstrittenen »Körperwelten«-Ausstellungen war 1995 in Japan.

575. Mit einem achtseitigen Schreiben verkündete die Terrorgruppe RAF 1998 ihre Auflösung. Da der Tag, an dem das Schreiben bei der Nachrichtenagentur Reuters einging, der 20. April – also Adolf Hitlers Geburtstag – war, stieß die Nachricht zuerst auf Unglauben: »An einem solchen Tag löst sich eine RAF, wie ich sie kenne, nicht auf«, sagte zum Beispiel der frühere BKA-Chef Horst Herold.

576. Über 15 000 18- bis 30-jährige Männer aus dem Emsland und dem Kreis Cloppenburg gaben im April 1998 beim bislang größten deutschen Massengentest eine Speichelprobe bei der Polizei ab. Am Ende führte die Aktion tatsächlich zum gesuchten Täter: Ronny Rieken hatte zwei Mädchen entführt, missbraucht, eines von ihnen getötet – und hatte am Tatort DNA hinterlassen.

577. Im März 1994 weihte die anglikanische Kirche von England die ersten 32 Priesterinnen. Zahlreiche orthodoxe Gläubige erklärten daraufhin ihren Austritt aus der Kirche.

578. Als am 1. April 1998 vor dem Anpfiff des Champions-League-Spiels zwischen Real Madrid und Borussia Dortmund eines der Tore umkippte, verzögerte sich der Anpfiff um 76 Minuten. Günther Jauch und Marcel Reif moderierten für die deutschen Fernsehzuschauer trotzdem tapfer weiter und erhielten für Bonmots wie »Ein Tor ist bereits gefallen« später den Bayerischen Fernsehpreis.

579. Um rechtliche Probleme mit Mike Tyson zu vermeiden, taufte die Videospielfirma Capcom den schwarzen Boxkämpfer im Spiel »Street Fighter IV« von »M. Bison« um in »Balrog«.

580. Das 1997 verabschiedete Kyoto-Protokoll wurde ein Jahr später um den »Buenos-Aires-Aktionsplan« ergänzt.

581. Der erfolgreiche Rennrodler Georg Hackl hat unter seinem Spitznamen »Schorsch Hackl« mittlerweile auch eine eigene Trachten-Kollektion entworfen.

582. Als die Berliner Boulevardzeitung »B.Z.« die Schwimmerin Franziska van Almsick als »Franzi Van Speck« bezeichnete, beschwerten sich rund 3000 Leser beim damaligen Chefredakteur Franz Josef Wagner.

583. Bei einem »Kranballett« an der Großbaustelle am Berliner Potsdamer Platz »tanzten« am 26. Oktober 1996 insgesamt 19 Kräne zu den Klängen der »Ode an die Freude« aus Ludwig van Beethovens Neunter Sinfonie.

584. Um Kostüme für die rund 20 000 Komparsen des Films »Schindlers Liste« zu finden, schalteten die Kostümbildner Anzeigen im damals wirtschaftlich schwachen Polen. Dort waren auch Mitte der Neunziger noch viele Kleidungsstücke aus den dreißiger und vierziger Jahren im Umlauf.

585. Im Zuge der Kampagne gegen die Versenkung der stillgelegten Ölplattform »Brent Spar« schenkte Greenpeace der damaligen Umweltministerin Angela Merkel 1995 ein Flugticket auf die Shetland-Inseln, um sie vom Ernst der Lage zu überzeugen. Die Plattform wurde aufgrund des großen politischen Drucks an Land entsorgt und drei Jahre später wurde ein generelles Versenkungsverbot für Ölplattformen im Nordatlantik beschlossen.

586. Trent Reznor, Sänger der Band Nine Inch Nails, sagte, er sei nur des Geldes wegen bei »Woodstock 94«, dem 25-jährigen Jubiläum des legendären Festivals aufgetreten: »Um ehrlich zu sein, wollten wir damit die Verluste unserer aktuellen Tour ausgleichen.«

587. CeBIT steht für »Centrum für Büroautomation, Informationstechnologie und Telekommunikation« und war ursprünglich nur eine Halle des Hannoveraner Messegeländes, die bereits 1970 eingeweiht wurde.

588. Bei seiner Rede am 10. Juli 1994 in Berlin verwendete der damalige US-Präsident Bill Clinton, ähnlich wie sein Vorgänger John F. Kennedy, einige Worte auf Deutsch: »Amerika steht an Ihrer Seite«, sagte Clinton. »Jetzt und für immer.«

589. Flat Eric, die gelbe Stoffpuppe, die in den Neunzigern in Levi's-Werbung und Musikvideos (»Flat Beat«) auftrat, hieß ursprünglich Stéphane.

MACARENA

590.

Das Duo Los del Río war schon seit 1962 musikalisch unterwegs, schaffte aber erst 1996 den Durchbruch mit »Macarena«. Der Musiksender VH1 kürte die beiden Senioren darauf zum größten »One-Hit-Wonder« aller Zeiten.

591.

Ursprünglich hatte Los del Río ihren Song »Macarena« 1993 als Rumba-Nummer veröffentlicht. Dancefloor-tauglich machte ihn erst drei Jahre später das Produzententrio Bayside Boys.

592.

Die Frau im grünen Maxirock, die hinten links im »Macarena«-Video mittanzt, gerät häufig aus dem Takt.

593.

Im spanischen Original geht die Tänzerin Macarena fremd, während ihr Freund Vitorino beim Militär ist und betrügt ihn mit zwei seiner Freunde. In der englischen Übersetzung verschwindet der Wehrdienst und Vitorino ist einfach ein Taugenichts.

594.

Das Lachen in »Macarena« (Bayside Boys Remix), ein Sample, stammt von der Popsängerin Alison Moyet, der gesampelte Satz »I'm not trying to seduce you« aus dem Film »Die Reifeprüfung«.

595.

Zwei ehemalige US-Außenminister sind auf Youtube zu sehen, wie sie den Macarena tanzen: Colin Powell und Madeleine Albright.

596.

Bei »Wetten, dass...?« haben im Lauf der Jahre 1229 Männer mit einer Wette teilgenommen, aber nur 313 Frauen.

597.

Das Dornröschen-
schloss im 1992
eröffneten Frei-
zeitpark Disney-
land Paris ist
das einzige Dis-
neyschloss, das
einen eigenen
Drachen besitzt:
Der rund 24 Meter
lange Drache ist
die größte Figur
im ganzen Park.

598. In Albanien sammelten Mitte der Neunziger gut ein Dutzend dubioser Anlagefirmen rund 1,2 Milliarden Dollar an Investitionen von leichtgläubigen Privatanlegern ein, schätzungsweise die Hälfte des albanischen Bruttosozialprodukts. Als im Frühjahr 1997 die Firmen kollabierten, kam es zu schweren Unruhen, die unter dem Namen »Lotterieaufstand« bekannt wurden.

599. Die »Harvard-Krebsmaus« ist das erste gentechnisch veränderte Tier, auf das es ein Patent gibt. Am 13.5.1992 vergab es das Europäische Patentamt in München.

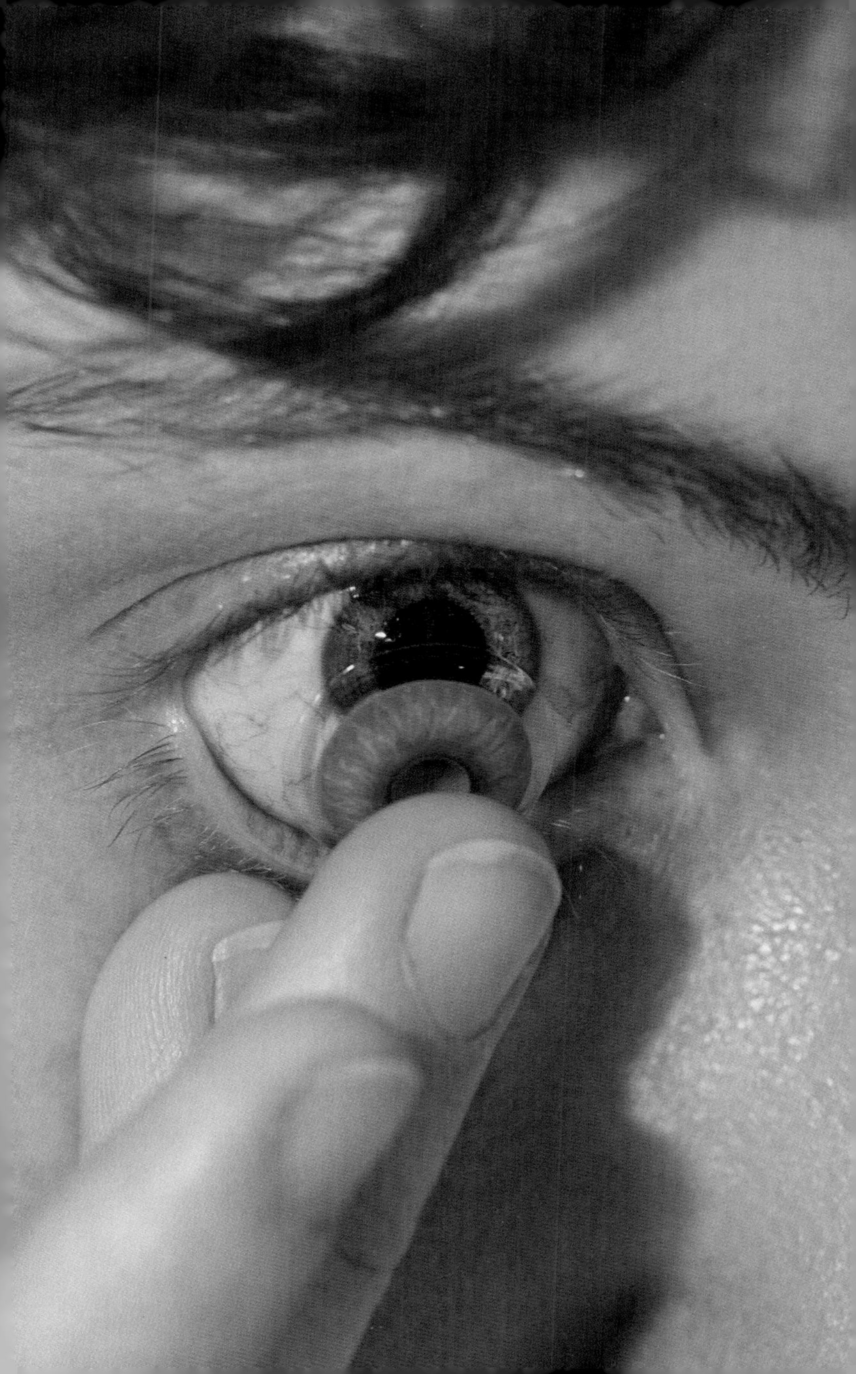

FOTOS

Alexander Coggin (Fakten 121, 385, 532)
Mònica Figueras (Fakt 597)
KangHee Kim (Fakt 29)
Chris Maggio (Fakten 194, 308, 428, 501)
Damien Maloney (Fakt 266)
Corey Olsen (Fakten 233, 353, S. 185)
Landon Speers (Fakt 85)
Caroline Tompkins (S. 12, Fakten 71, 562)

CONTRIBUTORS

Jessica Braun
Eva Casper
Elena Dick
Lisa Goldmann
Fabian Greve
Astrid Hansen
Cyrill Kuhlmann
Silke Probst
Nora Reinhardt
Amélie Schneider
Constantin Wissmann